金融機関と経営者のための
かんたん！サプライチェーン入門

MS&ADインターリスク総研 編著

経済法令研究会

はじめに

　現代のビジネス環境において、企業は様々なリスクに対処しなければならなくなりました。従来から私たちが経験してきた「自然災害リスク」のみならず、まさしく私たちがここ数年対峙してきた「感染症リスク」、年々増加・高度化する「サイバー攻撃リスク」、予測と対処が難しい「地政学リスク」、ステークホルダーからの関心も高い「環境リスク」や「人権リスク」など、多様なリスクが企業経営に影響を及ぼしています。そしてこれらのリスクは、企業の事業活動を構成するサプライチェーンにも大きな影響を及ぼしているため、リスクに備えてサプライチェーンの「安定性」を高めることは、今や企業経営の成否を左右する重要な要素となっています。

　そうしたなか、企業を支える金融機関においては、取引先企業の多くがサプライチェーンを構成する企業の一つであるため、こうしたリスクの多様化・複雑化はもはや他人事ではなくなってきています。また、実務の観点から見れば、取引先企業の事業活動や財務状況等のみならず、取引先企業が抱えるサプライチェーンリスクを適切に把握し、評価し、管理することが、融資判断や投資戦略において必要不可欠となってきています。

　そこで、金融機関の職員がサプライチェーンの実態とサプライチェーンリスクを理解し、実務に活かすために、本書『金融機関と経営者のための　かんたん！　サプライチェーン入門』が企画されました。

　本書では、サプライチェーン・マネジメントとサプライチェーン・リスクマネジメントの基本的な概念の説明から、サプライチェーンリスクとその対処の考え方を「レジリエント（強靱性：ショック耐性＋回復力）」と「サステナブル（持続可能性：社会全体の長期的な持続）」の切り口に分けて、事例も交えつつわかりやすく解説しています。

PART 1 では、サプライチェーン・マネジメントとサプライチェーン・リスクマネジメントの概念を紹介し、現代のビジネス環境におけるサプライチェーンの「あるべき姿」を考察します。そして、PART 2 では「レジリエント（強靱性）」のテーマに関わるサプライチェーンリスクとその対処の考え方、PART 3 では「サステナブル（持続可能性）」のテーマに関わるサプライチェーンリスクとその対処の考え方について解説します。PART 4 では、金融機関のミッションでもある「経営支援」の観点からサプライチェーンを俯瞰し、金融機関職員としての支援の考え方や課題などを考察します。

　最後に、本書の執筆にあたり、貴重な知見と経験を共有してくださった共著者の皆様、そして出版にご尽力いただいた関係者の皆様に心より感謝申し上げます。本書を通じて、金融機関の皆様がサプライチェーンへの理解を深め、より効果的に実務を進めていくことの一助となることを心より願っています。

2024年9月

著者を代表して　矢野喬士

CONTENTS

PART1　サプライチェーン・マネジメントを知ろう

Q1	サプライチェーンとは何ですか？	2
Q2	サプライチェーン・マネジメントとは何ですか？	6
Q3	サプライチェーン・マネジメントがなぜ求められているのですか？	10
Q4	サプライチェーン・マネジメントにまつわる「共通言語」には何がありますか？	13
Q5	サプライチェーン・リスクマネジメントとは何ですか？	17
Q6	サプライチェーン・リスクマネジメントが注目され始めた背景や歴史はどのようなことですか？	20
Q7	サプライチェーン・リスクマネジメントの一般的な構築手法はどのようなものですか？	25
Q8	今の時代に求められるサプライチェーン・リスクマネジメントのあるべき姿とは何ですか？	29
コラム	サプライチェーンとテクノロジーの活用	34

PART2　レジリエントなサプライチェーンを目指そう

Q9	レジリエントなサプライチェーンが求められるようになった背景はどのようなことですか？	36
Q10	サプライチェーンBCPとは何ですか？	41
Q11	サプライチェーンBCPの構築手法にはどのようなものがありますか？	45
Q12	サプライチェーンBCPではどのような対策を進めればよいのでしょうか？	48
Q13	自然災害を対象とした対策のポイントを教えてください	53
Q14	感染症を対象とした対策のポイントを教えてください	59
Q15	サイバー攻撃を対象とした対策のポイントを教えてください	65
Q16	地政学リスクを対象とした対策のポイントを教えてください	72
Q17	サプライチェーンの途絶に備えた優良取組事例にはどのようなものがありますか？	78
Q18	昨今のレジリエントに関わるトピックスにはどのようなものがありますか？	82
コラム	サプライヤーの「内的要因リスク」によるサプライチェーン途絶	86

PART3　サステナブルなサプライチェーンを目指そう

Q19	サステナブル調達とは何ですか？	88
Q20	サステナブル調達が求められるようになった背景はどのようなことですか？	90
Q21	サステナブル調達を取り巻く法規制・規範にはどのようなものがありますか？	96
Q22	サステナブル調達の推進方法にはどのようなものがありますか？	102
Q23	サステナブル調達の優良取組事例にはどのようなものがありますか？	107
Q24	サステナブル調達の様々な事例を教えてください	111

PART4　経営支援の観点でサプライチェーンを見てみよう

Q25	なぜ金融機関は取引先のサプライチェーンを注視する必要があるのでしょうか？	116
Q26	業種別のサプライチェーンの特徴としてどのようなものが挙げられますか？	118
Q27	金融機関の代表的な取組み・制度にはどのようなものがありますか？	125
Q28	金融機関の伴走支援としての関わり方にはどのようなことが考えられますか？	129
Q29	取引先の経営支援の視点から、金融機関として取り組むべき「レジリエントな提案」とはどのようなことですか？	134
Q30	今後の経営支援の観点からの課題にはどのようなものがありますか？	140

PART 1

サプライチェーン・マネジメントを知ろう

Q1 サプライチェーンとは何ですか？

A サプライチェーンとは、製品やサービスの生産から消費者への提供までの一連の工程や流れを指します。具体的には、原材料や部品の調達、生産、物流、在庫管理、販売、顧客サービスなど、様々な活動が含まれます。サプライチェーンは、製造業、小売業、サービス業など、あらゆる産業に関連し、それらの間で原材料や製品が移動し、情報が共有されます。

1 サプライチェーンの構成

サプライチェーンは、様々な企業や人々が供給活動を通じて、連鎖しています。サプライヤーとは、これらの供給網の上流に位置する個人や企業で、製品やサービス、原材料などを提供します。サプライチェーンは、複数の要素やプロセスから構成されています。以下にサプライチェーンの主な構成要素を示します。

- **調達**
製品やサービスに必要な原材料や部品を入手するプロセスです。適切な品質と価格での調達が重要です。

- **生産**
製品やサービスを生産するプロセスです。製品の製造やサービスの提供が含まれます。生産プロセスの最適化が重要です。

- **物流と配送**
製品やサービスを生産地から顧客へ届けるためのプロセスです。在庫管理、物流ネットワークの最適化、配送ルートの計画が含まれます。

- **在庫管理**
適切な在庫レベルを維持するためのプロセスです。顧客ニーズを満たし、売上を最大化することが目標です。

これらの要素は、企業が効果的なサプライチェーンを構築し、競争力を維持

■ [図表1-1] サプライチェーンの構成

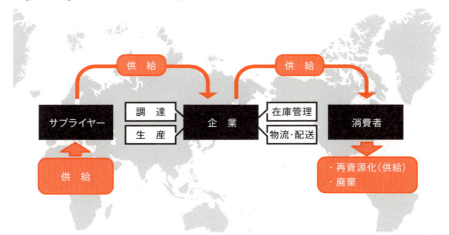

（出所）MS＆ADインターリスク総研作成

するために重要です。また、これらの要素は相互に関連しており、円滑なサプライチェーン管理には協調と連携が不可欠です。

なお、サプライチェーンを通じて供給される製品やサービスを上流にたどると、「地球資源」に由来します。一方、下流にたどると、利用、廃棄、再資源化され、「地球資源」に影響をもたらします。このことより、サプライチェーンは地球規模（グローバル）の活動を想定した概念といえます。

2　サプライチェーンにおける情報とお金の流れ

　サプライチェーンにおける情報とお金の流れは、製品やサービスの提供を円滑に行うために不可欠です。効果的な情報共有と財務管理が、サプライチェーン全体の効率性や利益率の向上に貢献します。

　サプライチェーンを構成する調達、生産、物流・配送などの各種活動では、それぞれの上流の企業と下流の企業の間において取引（契約）が生じます。これらの契約は両者の合意が前提となるため、齟齬のない認識を得るための情報の授受が行われます。また、製品やサービスの提供に対して金銭対価の授受が伴います。

　つまり、サプライチェーンは、製品やサービスの流れであるとともに、情報や金銭の流れを伴ってなされる意思決定の連鎖であるともいえます。

■ [図表1-2] サプライチェーンにおける製品やサービス、情報、お金の流れ

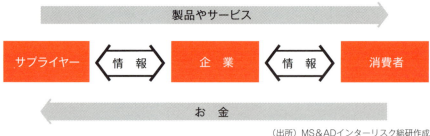

（出所）MS＆ADインターリスク総研作成

3　サプライチェーンの課題

━需要予測の誤差

　顧客の需要を正確に予測することは難しいため、需要予測の誤差が発生することがあります。需要予測の誤差は在庫の過剰や不足を引き起こし、企業のコストやサービスに影響を与えます。

━サプライヤーの信頼性

　サプライヤーの信頼性に関する問題は、納期遅延や品質の低下などのリスクを引き起こします。適切なサプライヤーの選定や管理が重要ですが、それでも外部要因によって信頼性の問題が発生することがあります。

━在庫管理の課題
適切な在庫レベルの維持は重要ですが、在庫管理には多くの課題があります。在庫の過剰や不足、在庫の品質管理、在庫の保管コストなどが挙げられます。

━物流の問題
物流はサプライチェーンの重要な要素であり、配送遅延や輸送中の損傷などの問題が発生することがあります。また、物流の効率性やコスト管理も課題となります。

━リスク管理
自然災害、政治的不安定、サプライヤーの倒産などの外部リスクがサプライチェーンに影響を与える可能性があります。リスク管理の課題は、これらのリスク対策の策定と実施に関連します。

━情報の透明性と共有
サプライチェーン全体での情報の透明性と共有は、効果的な意思決定や問題の迅速な解決に不可欠です。しかし、情報の欠如や不十分な共有が課題となることがあります。

━環境への影響
サプライチェーン活動は環境に影響を与えることがあり、持続可能性や環境負荷の管理が課題となります。

✅ Checkpoint

- サプライチェーンとは、製品やサービスの生産から消費者への提供までの一連の工程や流れを指す。
- サプライチェーンにおける情報とお金の流れは、製品やサービスの提供を円滑に行うために不可欠である。
- サプライチェーンには、在庫管理やリスク管理、環境への影響など様々な課題がある。

Q2 サプライチェーン・マネジメントとは何ですか？

A サプライチェーン・マネジメント（Supply Chain Management：SCM）は、製品やサービスの生産から消費者への提供までの流れを効率的に管理するための戦略的経営手法です。これには、原材料の調達、生産、物流、在庫管理などが含まれます。

1 サプライチェーン・マネジメントの目的

サプライチェーン・マネジメントの目的は、調達、生産、物流、在庫管理などの活動を最適化し、全体的な効率性を高めることです。部分最適の和が必ずしも全体最適を意味するわけではなく、サプライチェーン全体のバランスを見て連携管理することが極めて重要となります。つまり、サプライヤー、メーカー、物流、小売の関係性の一つひとつを最適化するのではなく、サプライチェーン全体を統括して最適化を図るのがサプライチェーン・マネジメントです。

これにより、企業は競争力を維持し、市場の変化に対応し、顧客ニーズを満たすことができます。サプライチェーン・マネジメントは、企業が競争力を維持し、成長するために重要な役割を果たします。

■ [図表1-3] サプライチェーン・マネジメントとは

（出所）MS＆ADインターリスク総研作成

2　サプライチェーン・マネジメントの歴史

サプライチェーン・マネジメントは、時間とともに進化し、変化するビジネス環境に対応してきました。

━1950〜1960年代

サプライチェーン・マネジメントの初期の概念は、物流管理や生産管理などの個別の業務に焦点を当てていました。この時期には、生産計画や在庫管理のための基本的な技術が開発されました。

━1980年代

コンピュータ技術の進歩により、企業は生産計画や在庫管理などのプロセスを自動化し、より効率的に管理することが可能になりました。

━1990年代

グローバル化の加速とインターネットの普及により、サプライチェーンはより複雑化しました。企業はより広範囲にわたるサプライチェーンを管理するために、効率性と透明性を向上させるための新しいテクノロジーやプロセスを導入し始めました。

━2000年代

インターネットの普及やeコマースの台頭により、サプライチェーンの可視性と連携が強化されました。また、持続可能性や環境への配慮がサプライチェーン・マネジメントの重要な要素となりました。

━2010年代以降

ビッグデータ分析、人工知能（AI）、インターネット・オブ・シングス（IoT）などのテクノロジーの進歩により、サプライチェーン・マネジメントはさらに進化しました。企業はリアルタイムのデータと予測分析を活用して、より効率的なサプライチェーンを構築することが可能になりました。

3　サプライチェーン・マネジメントの手法

━リードタイム（工程着手から完了までの所要期間）の短縮

サプライチェーン内のプロセスを効率化し、生産から顧客への製品到着までの時間を短縮します。リードタイムの短縮を実現するためには、図表1－4のような方法があります。

■ [図表1-4] リードタイムの短縮の方法

①プロセスの最適化	生産や物流のプロセスを改善し、無駄を削減して製品の完成までの時間を短縮します。
②在庫の最適化	適切な在庫レベルを維持しながら、これらを活用することで、生産から製品の到着までの時間を短縮します。
③ロジスティクスの改善	効率的な輸送手段やルートの選択、配送スケジュールの最適化などにより、製品の移動時間を短縮します。
④供給ネットワークの最適化	サプライヤーとの緊密な連携や生産計画の調整により、原材料や部品の調達時間を短縮します。
⑤テクノロジーの活用	リアルタイムのデータ収集や分析を通じて、製品の動向や需要予測を正確に把握し、生産・配送の計画を最適化します。

- **ジャストインタイム（Just-In-Time、JIT）生産**

生産や物流において、必要な部品や製品を必要な数だけ必要な時に供給する手法です。これにより、在庫を最小限に抑え、生産効率を向上させることが可能です。

JITはトヨタ自動車などの日本企業が先駆けとなって実施し、その後世界中に広まりました。

- **イベントベースの管理**

サプライチェーン内の異常や重要なイベントが発生した際に、リアルタイムでそれに対応する管理手法です。この手法を実践することで、サプライチェーン全体の柔軟性と迅速な対応力が向上します。

- **サプライヤーとのパートナーシップ強化**

信頼関係を築き、サプライヤーとの継続的なコミュニケーションや協力を通じてリスクを軽減します。パートナーシップを強化するためには、図表1－5のような方法があります。

- **リスク管理の強化**

サプライヤーの多様化や地理的なリスク、自然災害などに備えたリスク管理戦略を構築します。

- **グリーンサプライチェーン管理**

環境に配慮したサプライチェーン戦略を展開し、持続可能性を向上させます。

━テクノロジーの活用

　IoT、ブロックチェーン、人工知能（AI）などの技術を活用して、サプライチェーンの可視性や効率性を向上させます。

■ [図表1-5] サプライヤーとのパートナーシップ強化の方法

①コミュニケーションの強化	定期的な会議やミーティング、電話やメールを通じたコミュニケーションを通じて、サプライヤーとの関係を強化します。
②目標の共有	サプライヤーと共通の目標や価値を明確にし、両者の利益が一致するような関係を築きます。
③パフォーマンス評価とフィードバック	サプライヤーのパフォーマンスを定期的に評価し、フィードバックを提供します。良い点や改善の余地を明確に示すことで、サプライヤーとの関係を向上させます。
④リスク共有とリスクマネジメント	サプライヤーとのリスクを共有し、リスクマネジメント戦略を共同で策定します。これにより、サプライチェーン全体のリスクを最小限に抑えることができます。
⑤技術とイノベーションの共有	サプライヤーとの協力関係を活用して、新たな技術やイノベーションを共同で開発・導入します。

✅ Checkpoint

- サプライチェーン・マネジメントはサプライチェーン全体を統括して最適化を図るものであり、企業が競争力を維持し成長するために重要な役割を果たす。
- サプライチェーン・マネジメントの手法には、リードタイムの短縮やサプライヤーとのパートナーシップ強化などがある。

Q3 サプライチェーン・マネジメントがなぜ求められているのですか？

A サプライチェーン・マネジメントは、製品やサービスの生産・物流過程における調達・製造・輸配送等の一連の流れを効果的に管理し、効率性を高めることにより、競争力の維持や顧客満足度の向上につなげるものです。そのほか、リスク管理の強化や持続可能性の推進などにもつながり、企業が成功するために不可欠な活動であるためです。

1　サプライチェーン・マネジメントが求められている背景

　サプライチェーン・マネジメントが求められている背景には、以下のような要因が挙げられます。

■グローバル化の進展

　グローバル化の進展により、企業は生産拠点やサプライヤーを世界各地に配置するようになり、より効率的で効果的なサプライチェーンの構築が求められています。世界各地に散在するサプライヤーや製造業者との連携を強化し、グローバルな市場に対応するための要求に応える必要があります。

■顧客ニーズの多様性と変化

　顧客のニーズや要求が多様化しており、変化する市場環境に迅速に対応する必要があります。顧客の要求に適切に対応するためには、効率的なサプライチェーンが不可欠です。

■テクノロジーの進歩

　テクノロジーの進歩により、サプライチェーン・マネジメントにおけるデータの収集、分析、可視化が容易になりました。これにより、リアルタイムの情報共有や効果的な意思決定が可能となり、サプライチェーンの効率性と透明性が向上します。

■競争の激化と低マージン化

　産業競争の激化により、企業はコスト削減と効率化に焦点を当てる必要があります。また、低マージン化の中で利益を維持するためには、サプライチェーンの効率性がますます重要になっています。

―リスクの増大

自然災害、政治的不安定、サプライヤーの倒産など、様々なリスクがサプライチェーンに影響を与える可能性があります。適切なリスク管理が求められ、サプライチェーンの脆弱性を最小限に抑える必要があります。

■ [図表1-6] サプライチェーン・マネジメントが求められている背景

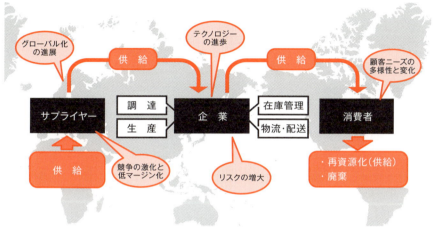

（出所）MS&ADインターリスク総研作成

2 サプライチェーン・マネジメントの導入のメリット

サプライチェーン・マネジメントの導入のメリットとして、以下のような企業への効果が挙げられます。

―コスト削減

効果的なサプライチェーン・マネジメントは、在庫の削減、生産の最適化、物流の効率化などによりコストを削減することができます。これにより、企業は競争力を維持しながら、収益性を向上させることができます。

―在庫削減とキャッシュフローの改善

適切な在庫管理は、在庫レベルを最適化し、不要な在庫を削減します。これにより、企業はキャッシュフローを改善し、資本の効率的な活用を促進することができます。

―生産性と効率性の向上

サプライチェーン・マネジメントの導入により、生産プロセスや作業フローが最適化され、生産性と効率性が向上します。これにより、生産能力が最大限

に活用され、品質が向上し、生産コストが低減します。

━顧客満足度の向上

　迅速な納期達成や正確な製品の供給など、効果的なサプライチェーン・マネジメントは顧客満足度を向上させます。顧客の要求に素早く適切に対応することで、顧客ロイヤルティを高め、競争力を強化することができます。

━リスク管理の強化

　サプライチェーン・マネジメントは、リスクの特定、評価、および管理を強化します。リスク要因をよりよく理解し、リスクに備えることで、企業は将来の問題に対処しやすくなります。

━持続可能性の推進

　持続可能なサプライチェーン・マネジメントは、環境への影響を最小限に抑え、社会的責任を果たします。サプライヤーの選定や製品のライフサイクル管理などの取組みにより、企業は持続可能なビジネスプラクティスを推進し、ブランド価値を向上させることができます。

> **✓ Checkpoint**
>
> ・サプライチェーン・マネジメントが求められている背景には、グローバル化の進展や顧客ニーズの多様性と変化などがある。
> ・サプライチェーン・マネジメントの導入メリットには、コスト削減、生産性と効率性の向上、顧客満足の向上などがある。

Q4 サプライチェーン・マネジメントにまつわる「共通言語」には何がありますか？

A サプライチェーン・マネジメント（SCM）で一般的に使われている主な用語には、**サプライヤー、ノード・リンク・モード、調達、在庫管理、物流（ロジスティクス）**などがあります。

1 サプライチェーン

サプライチェーンは、製品やサービスの生産から消費者への提供までの全体的な流れを指します。原材料の調達から製造、流通、販売、最終消費者への配送までを含み、複数の企業や組織が連携して行います。効率的なサプライチェーン・マネジメントは、生産性向上やコスト削減、顧客満足度の向上につながります。また、リスク管理や環境負荷の最小化も重要な要素となります。

2 サプライヤー

サプライヤーは、企業や組織が製品やサービスを提供するために必要な原材料や部品などを提供する個人や企業のことを指します。サプライヤーとの関係は重要であり、品質、価格、納期、信頼性などが評価されます。良好なサプライヤー関係を構築することで、製品の品質向上やコスト削減、リスクの軽減などが実現されます。

3 ノード・リンク・モード

ノード

サプライチェーンのノードとは、サプライチェーン内で特定のポイントや拠点を指します。これにはサプライヤー、工場、倉庫、配送センター、顧客などが含まれます。

リンク

サプライチェーンのリンクとは、ノード間を接続している移送ルートを指します。

━ モード

サプライチェーンのモードとは、リンクの移動手段を指します。これには鉄道、トラック、航空便、船便などが含まれます。

■ [図表1-7] サプライチェーンの模式図

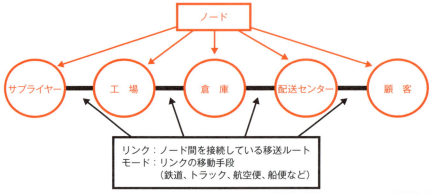

（出所）MS＆ADインターリスク総研作成

4 調達

調達は、製品やサービスを提供するために必要な原材料や部品などを確保するためのプロセスを指します。これにはサプライヤーの選定、価格交渉、契約の締結、注文、納品の監視などが含まれます。効率的な調達戦略は企業の競争力や利益に直結し、適切な資源の確保、品質の維持、コスト削減、リスク管理などを実現します。

5 在庫管理

在庫管理は、企業が製品や資材などの在庫を効率的に管理するプロセスを指します。これには在庫の受け入れ、保管、追跡、再注文、廃棄などが含まれます。適切な在庫管理は、生産や販売の効率化、コスト削減、顧客満足度の向上に貢献します。在庫レベルの最適化、需要の予測、リードタイムの管理などが重要な要素であり、技術の活用やデータ分析などが在庫管理の改善に役立ちます。

6 物流（ロジスティクス）

物流（ロジスティクス）とは、製品やサービスの生産から消費者への配送までの流れを効率的に管理する活動を指します。これには輸送、保管、在庫管理、

情報フローの最適化などが含まれます。良好な物流戦略は、時間とコストを最適化し、サービス品質を向上させます。物流はビジネスの競争力や顧客満足度に影響を与え、技術やデータの活用がますます重要視されています。

7 サードパーティロジスティクス（3PL）

サードパーティロジスティクス（3PL）は、企業が物流およびサプライチェーン管理の一部または全体を外部の専門業者に委託することを指します。これには輸送、保管、在庫管理、配送などが含まれ、企業は自社のコアビジネスに集中できます。サードパーティーロジスティクスプロバイダーは、効率的な物流戦略を提供し、リソースの最適化、コスト削減、サービス品質の向上を支援します。

8 生産計画

生産計画は、企業が製品やサービスを適切な数量と質で生産するための計画を立てるプロセスを指します。需要予測や在庫レベル、生産能力などの情報を基に、生産スケジュールや資源の配分を決定します。効率的な生産計画は、生産性の向上、在庫の最適化、コストの削減、顧客満足度の向上などに寄与します。技術やデータ分析の活用が生産計画の効率化に重要な役割を果たしています。

9 需要予測

需要予測は、将来の需要を予測するためのプロセスであり、製品やサービスの需要量を推定することを指します。過去のデータ、市場動向、顧客の嗜好などを分析して、需要の変動や傾向を把握し、将来の需要量を予測します。効果的な需要予測は、在庫管理、生産計画、物流戦略などの意思決定プロセスに重要な情報を提供し、生産性の向上や顧客満足度の向上に貢献します。

10 リードタイム

リードタイムは、注文や依頼を受けてから、製品やサービスが提供されるまでの時間を指します。製品の生産や配送など、様々なプロセスにかかる時間が含まれます。具体的には、図表1－8のようなリードタイムがあります。

11 リスク管理

サプライチェーンにおけるリスク管理は、供給源から最終消費者までの流れ

■ [図表1-8] リードタイムの種類

製造リードタイム	製品が製造されるのにかかる時間。原材料の調達、生産プロセス、検査などが含まれます。
調達リードタイム	必要な材料や部品を調達するのにかかる時間。サプライヤーからの発注や納品までの期間が含まれます。
輸送リードタイム	製品が倉庫から顧客のもとへ届くまでの時間。輸送手段や配送ルートによって異なります。
在庫リードタイム	在庫が注文されてから利用可能になるまでの時間。在庫の保管や処理にかかる時間が含まれます。

における潜在的なリスクを識別し、評価し、軽減するプロセスを指します。需要変動、天候、政治情勢、自然災害などのリスクに対処するため、在庫のバックアップ、複数のサプライヤーとの関係構築、リスクの分散、リアルタイムの情報共有などが重要視されます。

12 KPI (Key Performance Indicators)

　KPIは、企業や組織が目標達成や業績評価を行うために使用される主要な指標やメトリクス（定量化したデータを加工した管理指標）を指します。

13 SCM (Supply Chain Management) システム

　SCMシステムは、サプライチェーンを管理するためのソフトウェアやテクノロジーを指します。製品の調達から生産、物流、在庫管理、販売、顧客サービスまでのサプライチェーン全体を統合し、最適化するためのツールやプラットフォームを提供します。SCMシステムの活用は、効率性の向上、コスト削減、リードタイムの短縮、顧客満足度の向上などに寄与します。

✓ Checkpoint

- サプライチェーン・マネジメントで一般的に使われている言葉には、サプライヤー、ノード・リンク・モード、調達、在庫管理などがある。
- ノードは工場、倉庫などの拠点等、リンクはノード間を接続している移送ルート、モードはリンクの移送手段を指す言葉である。

Q5 サプライチェーン・リスクマネジメントとは何ですか？

A サプライチェーン・リスクマネジメントは、「サプライチェーンの安定稼働」を目的として、サプライチェーンを取り巻くリスクを適切に把握・評価し、対策を実行することで、継続的にリスクを管理していく活動です。サプライチェーンを管理するうえでは、「効率性・低コスト」を追求しながらも、サプライチェーン・リスクマネジメントを通じて「安定性」も確保する、バランスの取れたサプライチェーン・マネジメントが重要です。

1 「サプライチェーン・リスクマネジメント」の定義

ここまでの本書において、サプライチェーン・マネジメントの目的が、製品や・サービスの生産・物流過程における調達・製造・輸配送等の一連の流れを効果的に管理し、効率性を高めることであると説明しました。

一方で、企業がサプライチェーンを考えるうえで、効率性を求める以外に、忘れてはならない大切なことがあります。それは、サプライチェーンを取り巻く「リスク」をしっかりと認識し、管理すること。すなわち、本書の大きなテーマの一つでもある「サプライチェーン・リスクマネジメント（Supply Chain Risk Management：SCRM）です。

サプライチェーン・リスクマネジメントの定義は様々ありますが、一般的な企業活動のリスクマネジメント（リスク管理）の定義に則し、本書では以下のように定義します。

○サプライチェーンに影響を及ぼすリスクを「把握・評価」し、
○リスクに対する「事前策（リスクがもたらす悪影響を低減させる対応策）」と「事後策（リスクが顕在化した時の緊急時対応）」を策定・実行し、
○サプライチェーンを取り巻くリスクを「継続的に管理」する活動

企業を取り巻くリスクが多様化・複雑化する現代において、企業経営の一環としてリスクマネジメントが必要不可欠であることはいうまでもありません。これはサプライチェーン・マネジメントの世界においても同様であり、事業活動におけるサプライヤーや外部委託先といった外部リソースへの依存度が格段

に高まり、企業同士がまさしくチェーン（鎖）のようにつながって、切っても切り離せない現代においては、サプライチェーンにおいてもリスクマネジメントを考えなければならない時代といえます。☞サプライチェーン・リスクマネジメントの必要性が高まった具体的な経緯については、Ｑ６を参照

２　サプライチェーン・リスクマネジメントの必要性

　サプライチェーン・リスクマネジメントの必要性を考える前に、そもそも「リスク」とは何でしょうか。主に金融機関等で用いられている本来的なリスクの定義は、「目的達成に対する不確かさ」とされており、「目的の達成を妨げる事象が発生する可能性（好ましくない方向≒マイナスの影響）」と、「目的の達成を促進する事象が発生する可能性（好ましい方向≒プラスの影響）」の両方を「リスク」として定義付けています（事業会社では、プラスの影響をもたらす可能性を「リスク」ではなく「事業機会」と表現するケースが多数です）。

　この定義で考えると、企業、そしてサプライチェーンを取り巻くリスクは、ある側面で見れば「プラスの影響」をもたらす一方、ある側面から見れば「マイナスの影響」をもたらすといったように、複雑怪奇な世界といえます。

　多種多様なリスクを適切に把握・評価し、特にマイナスの影響をもたらすリスクについて効果的な対策を打ち出すために、サプライチェーン・リスクマネジメントが必要不可欠なのです。

３　サプライチェーン・リスクマネジメントを考えるうえでの留意点

　サプライチェーン・リスクマネジメントの最終ゴールは、一言でいえば「サプライチェーンの安定稼働」です。特に、リスクが顕在化する（または可能性のある）場合においても、

　　○サプライヤーから顧客までの製品・サービスの流れをスムーズに、途切れることなく稼働させる
　　○サプライチェーンを取り巻く社会・取引先・顧客や、契約、法律、規制等からの要請（Quality（品質）・Cost（価格）・Delivery（納期））を満たし、企業としての信用力を確保する

ことがサプライチェーン・リスクマネジメントを考える目的といえます。

　一方で、サプライチェーン・リスクマネジメントで検討する対策等が、得てしてサプライチェーンや企業経営の効率性等を阻害する可能性もある、という

ことに気をつけなければなりません。具体的な例でいえば、サプライチェーンの途絶に備えて「生産工程の移転」を検討する場合は、新たな固定費用を支払わなければなりませんし、「サプライヤーの複線化（同一部品を複数のサプライヤーから調達する）」は二重の初期投資が必要となります。さらに、最もなじみの深い対策であろう「在庫保有」は、そのままキャッシュフローの減少、企業の資金繰りの圧迫等につながります。

■ [図表1-9] サプライチェーン・リスクマネジメントと企業経営の関係性

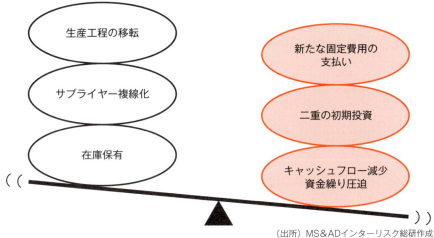

（出所）MS＆ADインターリスク総研作成

企業間競争がグローバルに激化している現代においては、すべてのリスクに対して完璧な対策を講じる（リスクを0にする）ことは困難であり、かつそのような取組みはあまり望ましくないともいえます。ある程度のリスクの許容も視野に入れながら、サプライチェーンの「安定性」と「効率性・低コスト」の間で、最適なバランスを見極めて対策を打ち出すことが重要です。

✅ Checkpoint

- サプライチェーン・リスクマネジメントは、サプライチェーンを取り巻くリスクを適切に把握・評価し、対策を実行することで、継続的にリスクを管理していく活動である。
- サプライチェーン・リスクマネジメントの最終ゴールは、「サプライチェーンの安定稼働」である。

Q6 サプライチェーン・リスクマネジメントが注目され始めた背景や歴史はどのようなことですか？

A 2001年の米国同時多発テロや2011年の東日本大震災・タイ洪水等を契機として、サプライチェーンの「途絶リスク」がクローズアップされるようになりました。加えて、ESG（Environment：環境、Social：社会、Governance：企業統治）を考慮した企業経営・事業活動が求められるようになったことと併せて、サプライチェーンにおける「サステナビリティリスク」も注目されるようになりました。

1 サプライチェーンそのものへの注目の背景

現代のようにグローバルにサプライチェーンが発達したきっかけはQ2で示したとおりですが、日本においてはサプライチェーン・マネジメントが注目され始めたのは2000年代といわれています。それまでの日本は、高度経済成長期からバブル期を通して、グローバルに企業活動を展開し、それに紐づくような形でサプライチェーンもグローバルに複雑化していきました。そうしたなかでバブル崩壊が起きたことで、サプライチェーンの各所に余剰在庫を抱えるようになり、これらを解消すべく「トヨタ生産方式」等の管理手法が注目されました。加えて、テクノロジーの進歩も相まって、在庫削減やコストダウンを目的としたサプライチェーン・マネジメントが一大ブームとなりました。

そこで、いくつかの転機が訪れます。

2 サプライチェーンの「途絶リスク」への注目

ー 1つ目の転機：9.11同時多発テロ（2001年、米国）

1つ目の転機は、2001年に米国で発生した9.11同時多発テロです。この9.11同時多発テロ以降、企業経営者がこぞって企業経営を脅かすリスクに注目し始め、リスクに備えて、緊急事態発生時でもビジネスを停止させないためにBCP（Business Continuity Plan：事業継続計画）の見直しが広まりました。これはサプライチェーンの世界においても同様であり、特に欧米においてはサプライチェーン・リスクマネジメントに特化した書籍・論文が多く発行される

ようになりました。

> **ワード解説！** 事業継続計画（BCP）
> 企業・組織が、いかなる状況に直面しても、優先順位に基づき重要業務を継続させるための計画書。

■ 2つ目の転機：3.11東日本大震災（2011年、日本）

2つ目の転機は、2011年に発生した東日本大震災です。

それまでも日本では、阪神・淡路大震災（1995年）や新潟県中越沖地震（2007年）などを受けて、サプライヤーが被災することによりサプライチェーンが途切れてしまい、自社の生産ができなくなってしまう「途絶リスク」に注目が集まっていました。

そうしたなかで発生した東日本大震災では、製造業を中心に大きな混乱が生まれ、特に自動車業界では、自動車に搭載するマイコンを製造していた茨城県内の工場の被災に伴い、国内の多くの自動車組立工場が操業停止したのみならず、欧米の自動車組立工場にまで影響が及んだことで、サプライチェーンの途絶リスクが大きくクローズアップされることになりました。また、サプライチェーンの把握に2週間以上の時間を要した企業もあるなど、これまで構成してきた何層にも及ぶサプライチェーンの把握が重要かつ難しいものであるということが判明したのも、この東日本大震災がきっかけとなります。

同じく2011年にタイで発生した大規模な洪水災害や、2016年に日本で発生した熊本地震等でも多くのサプライヤーやグループ子会社が被災し、供給が滞ることで、多くの企業が生産停止に追い込まれました。こうした自然災害の脅威が、日本においてサプライチェーン・リスクマネジメントの重要性を示すきっかけとなりました。

■ 3つ目の転機：新型コロナウイルス感染症のまん延（2019年〜）

3つ目の転機は、2019年以降の新型コロナウイルス感染症のまん延です。

新型コロナウイルス感染症のまん延では、感染者の発生や感染予防の一環として企業活動が縮小・停止しただけでなく、ロックダウン等に伴う物流の停滞、需要の減少（または急増（マスク等））といった様々な影響をもたらし、グローバルに広く張り巡らされたサプライチェーンネットワークの課題を突き付ける形となりました。

これにより、サプライチェーンの見直し・再構築まで考慮した、グローバルでのサプライチェーン・リスクマネジメントの必要性が叫ばれるようになりま

した。

3 サプライチェーンの「サステナビリティリスク」への注目

こうした「途絶リスク」へのクローズアップの動きと並行するような形で、サプライチェーンにおけるESG分野のリスク、いわゆる「サステナビリティリスク」にも注目が集まるようになりました。

> ※ここでいう「サステナビリティリスク」とは、原材料調達・製造・物流・販売・廃棄といった一連のサプライチェーンネットワークにおいて、ESG、すなわちE：Environment（環境）、S：Social（社会）、G：Governance（企業統治）といった企業・社会の持続可能性や社会的責任を脅かすリスクのことを指します。

● 4つ目の転機：環境リスクへの関心の高まり

サステナビリティリスクへの対応を考えるきっかけの一つに、環境問題への対応が挙げられます。

環境リスクに注目が集まるようになった背景は、古くは1990年代後半から2000年代初頭にかけて、欧州各地で廃棄物の不適切処理が原因で起こった地下水汚染問題を背景に制定された「**RoHS指令**」が挙げられます。これにより、特定有害物質の使用が自社だけでの問題ではなく、意図的・非意図的問わずサプライチェーンで特定有害物質が使用されないように、網羅的にサプライチェーンを管理することが求められるようになりました。

> **ワード解説！ RoHS指令（特定有害物質使用制限指令）**
> Restriction of Hazardous Substancesの略。2006年に施行された電気・電子機器に含まれる特定有害物質の使用を制限するEU指令。

また、こうした環境リスクをもたらす資源等の管理だけでなく、地球温暖化をはじめとした気候変動へ対応する取組みも、環境リスクへの対応として企業に求められています。日本では「2050年カーボンニュートラル」を目標として掲げており、その一環としてサプライチェーン全体における脱炭素化の推進が求められています。環境問題への対応は、自社だけの問題にとどまらず、サプライチェーンを取り巻くリスクとしてしっかりと管理をしていかなければならなくなりました。

■ [図表1-10] アパレルメーカーの労働環境問題

搾取工場（Sweat Shop）問題	世界的にも有名な米国大手スポーツ用品メーカーが、1990年代後半にサッカーボール生産における児童労働や、アパレル商品の生産現場での劣悪な労働環境が大きな批判を呼び、大規模な不買運動に発展。 売価250$（当時）のシューズを作るために労働者に支払われた賃金が83¢（売価の0.3%）であった。
ラナ・プラザ崩落事故	2013年、バングラデシュにある商業ビル、ラナ・プラザが倒壊し、従業員等1,133人が死亡する事故が発生。 崩落の原因は多くの縫製工場をビルに入居させるために違法な増築を繰り返していたことにあるが、その背景には世界中のアパレルメーカーが安い人件費を求めてバングラデシュでの生産を進めていたことに起因。

（出所）MS＆ADインターリスク総研作成

5つ目の転機：人権・労働リスクへの関心の高まり

加えて、児童労働や長時間・低賃金労働、劣悪な労働環境などの人権・労働問題も、サプライチェーンにおいて注目されるようになりました。

引き金となったのは、様々なアパレルメーカーによる、途上国における過酷な労働問題が明るみになったことです（図表1－10参照）。

近年ではこうした人権・労働リスクに関するルールの構築が進んでおり、1998年の「労働における基本的原則および権利に関するILO（International Labour Organization：国際労働機関）宣言」、2000年の「国連グローバル・コンパクト」、そして2011年に国連人権理事会で合意された「ビジネスと人権に関する指導原則」によって、人権デューデリジェンスの考えが広まりました。

6つ目の転機：ガバナンスリスクによるサプライチェーン寸断

　ESGの「G」の部分、いわゆるコーポレートガバナンスに関わるリスクも、サプライチェーンを脅かすリスクとして注目されています。直近の例として、大手自動車会社の認証試験不正問題が挙げられます。不正発覚により当該企業は生産を停止、この生産停止が長引けばサプライヤーの業績や雇用、地域経済への影響が懸念されるとして、経済産業省が特別相談窓口を設置するまでに事態が発展しています。

　ここまで、サプライチェーン・リスクマネジメントが注目され始めた背景として、「途絶リスク」と「サステナビリティリスク」の2つの切り口から紹介しました。☞この切り分けについては、Q8で詳しく紹介
　サプライチェーン・リスクマネジメントというと、どうしても「途絶リスク」に目が行きがちですが、サプライチェーンの「途絶をもたらすリスク」を管理することはもちろんのこと、企業・社会の「持続可能性（サステナビリティ）を脅かすリスク」に対しても、企業は適切に管理することが求められます。

　「途絶リスク」への対応が不十分であれば、サプライチェーンが寸断し、企業活動自体が停止しかねません。一方で、それらにしっかりと対応して企業活動を維持し、商品を販売できたとしても、「サステナビリティリスク」が顕在化、すなわち商品の生産過程を含めたサプライチェーンにおいて社会的責任に反する行為等が行われていた場合は、自社のブランドイメージの失墜につながり、最悪の場合不買運動等にもつながりかねません。

　サプライチェーンが途絶しないように「頑健性・強靱性（がんけん・きょうじん）」を高めることと、サプライチェーン全体として社会的責任と永続的発展を果たすために「持続可能性」を高めること、両方を追求することが、現代のサプライチェーン・リスクマネジメントには求められています。

✅ Checkpoint

- 2001年の米国9.11同時多発テロや、2011年の東日本大震災等を契機として、サプライチェーンの途絶リスクがクローズアップされるようになった。
- サプライチェーンのサステナビリティリスクには、環境リスクや人権・労働リスク等があり、これらリスクへの関心の高まりがある。

Q7 サプライチェーン・リスクマネジメントの一般的な構築手法はどのようなものですか？

A サプライチェーン・リスクマネジメントの構築手法は、「①可視化 → ②リスク分析・評価 → ③対策立案・実行 → ④監視・モニタリング → ⑤是正・改善」といった5つのステップになります。具体的な分析や対策検討等については、リスクの切り口や個々のリスクの種類によって異なるため、本書PART2、PART3を参照するようにしましょう。

1 サプライチェーン・リスクマネジメントの一般的な構築手法

ここで改めて、サプライチェーン・リスクマネジメントの定義をおさらいします。☞Q5を参照

○サプライチェーンに影響を及ぼすリスクを「把握・評価」し、

○リスクに対する「事前策（リスクがもたらす悪影響を低減させる対応策）」と「事後策（リスクが顕在化した時の緊急時対応）」を策定・実行し、

○サプライチェーンを取り巻くリスクを「継続的に管理」する活動

上記がまさしくサプライチェーン・リスクマネジメントの構築手法となりますが、もう少し具体的に説明すると、図表1-11のように記されます。

■［図表1-11］サプライチェーン・リスクマネジメントの構築ステップ

（出所）MS&ADインターリスク総研作成

━ **Step1：サプライチェーンの可視化**

サプライチェーン・リスクマネジメントの最初のステップとして、「サプライチェーンの可視化」が挙げられます。

これは、自社を取り巻くサプライチェーンについて、文字通り細部まで「見える化」し、全体の流れを把握することを指します。サプライチェーンの可視

化は、問題・課題の早期発見や効果的なリスク対策の立案にもつながるため、まず初めに企業が実施しなければならないステップといってよいでしょう（この可視化の取組みは、サプライチェーン・リスクマネジメントの観点だけでなく、在庫適正化やコスト削減といった平時のサプライチェーン・マネジメント取組みにも寄与します）。

サプライチェーンの可視化にあたっては、原料や部品等の調達から、最終製品・サービスが顧客の手元に届くまでの一連の流れを洗い出す必要があります。

〈サプライチェーンの可視化で主に洗い出す事項（製造業の場合）〉
- サプライヤーの概要と所在（Tier1[注1]だけでなく、Tier2[注2]以降も含む）　　　　　　　　　※（注1）一次請け、（注2）一次請けに部品を供給
- 製造拠点（自社・外部委託等含む）
- 販売拠点
- 物流経路（調達物流・製造物流・流通物流）
- 倉庫・在庫（原材料・部品、仕掛品、完成品、流通）
- 人員
- ユーティリティ
- 情報・システム　……etc

■ [図表1-12] サプライチェーンの一連の流れ

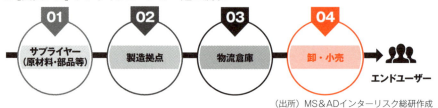

（出所）MS＆ADインターリスク総研作成

—Step 2：リスク分析・評価

Step 1で棚卸し・可視化したサプライチェーンのノード・リンクについて、取り巻くリスクを抽出し、その影響等を分析する作業になります。

このリスク分析・評価作業においては、リスクの洗い出しだけで終わらずに、その「優先順位付け」を行うことが重要となります。すべてのリスクに対してつぶさに分析して対策を検討することは効率的とはいえません。一般的なリスクマネジメントの手法で用いられている「影響度合い×発生確率」の考え方を

用いて、サプライチェーンのリスクを明確化し、Step 3 につなげることが重要です。

■ **[図表1-13] サプライチェーンリスクマップの例**

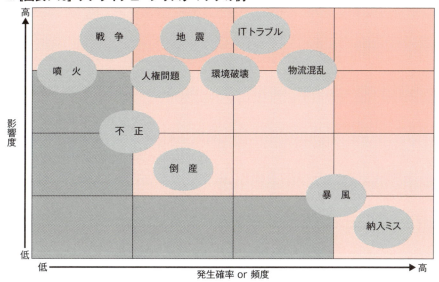

（出所）MS＆ADインターリスク総研作成

━**Step 3：対策立案・実行**

Step 2 で整理したリスクの優先順位に従って、それぞれのリスクに対する対策を検討し、実行します。このStepに関しては、リスクの「切り口」（後述Q 8 で紹介）や、個々のリスクの種類によって対策が異なりますので、詳細な説明は本書のPART 2・3 に委ねますが、「リスクへの対策」という大局的な観点で見れば、4 つに大別される点は押さえておきましょう（これはサプライチェーン・リスクマネジメントだけでなく、一般的なリスクマネジメントでも同様です）。

① リスクの「回避」
② リスクの「低減」
③ リスクの「移転」
④ リスクの「許容（保有）」

━**Step 4：監視・モニタリング**

企業活動やサプライチェーンネットワークは日々変化し、それに呼応する形でサプライチェーンを取り巻くリスクも日々変わっていきます。また、自社や

サプライヤー自身がStep 3で検討したリスク対策を講じることで、そのリスクの影響度等も変わっていくことになります。そのため、定期的に状況を監視・モニタリングし、Step 2～Step 3をアップデートする必要があります。

その名のとおり、サプライチェーンリスクを「マネジメント」する必要があるため、継続的な活動が必要不可欠となります。

Step 5：是正・改善

Step 4の監視・モニタリング活動を基に、サプライチェーン・リスクマネジメントに関する取組みを是正・改善していきます。

ここでは、「サプライチェーンの再構築」等もテーマとして挙げられます。Q14やQ16で紹介するように、これまでのサプライチェーン構造そのものを見直す動きが出てきています。こうした動きが企業で行われるのも、Step 1～Step 4を通じた取組みの結果といえるでしょう。

以上の5つのステップが、サプライチェーン・リスクマネジメントの構築の手順となりますが、前述のように、具体的な構築手順や対策等については、リスクの切り口、個々のリスクの種類によって多少異なります。まずは大枠を理解して、サプライチェーン・リスクマネジメントに関する知識を深めていきましょう。

✅Checkpoint

- サプライチェーン・リスクマネジメントの構築手法には、サプライチェーンの可視化、リスク分析・評価、対策立案・実行、監視・モニタリング、是正・改善がある。
- とりわけサプライチェーンの可視化は、問題・課題の早期発見や効果的なリスク対策の立案にもつながるため、まず初めに企業が実施しなければならないステップといえる。

Q8 今の時代に求められるサプライチェーン・マネジメントのあるべき姿とは何ですか?

A 従来の効率性を重視したサプライチェーン・マネジメントでは不十分な時代となっています。効率性だけではなく、リスクに対する「強靭性」と、社会的責任を果たすための「持続可能性」も追求した、「レジリエントでサステナブルなサプライチェーン」を構築することが、今の時代には求められています。

1 サプライチェーンリスクを体系的にとらえる

サプライチェーンを取り巻くリスクは様々であり、すべてを把握し、対策を講じることは非常に困難といえます。そこで、リスクを体系的に捉えて対策を考えていく必要があります。☞Q5を参照

本書では、サプライチェーンを取り巻く様々なリスクを以下の2つに大別したうえでリスクを分類し、後述するPART 2、PART 3でその傾向や対策を紹介していきます。

○途絶リスク
○サステナビリティリスク（持続可能性リスク）

なお、2つの切り口で体系的に捉えるといいましたが、個々のリスクが上記2つのどちらかに完全に分けられる、というわけではなく、どちらの要素も含まれる場合がある、という点にはご留意ください。例えば、Q6で紹介した「企業内不正リスク」は、単一で見ればESGの「G」の部分、いわゆるサステナビリティリスクに該当しますが、実際にはそこから影響が波及してサプライチェーンが寸断してしまっていることから、途絶リスクにも該当します。このように、完全に切り分けられるものでもないため、あくまでも体系的な理解の一助として整理しましょう。

2 途絶リスク

あるリスクが顕在化することによって、企業が機能不全・倒産等に追い込まれ、サプライチェーンネットワークが寸断してしまう。こうしたリスクを本書

では「途絶リスク」と呼ぶことにします。従来のサプライチェーン・リスクマネジメントはこの途絶リスクを主眼としているケースが多いため、皆さんもイメージが付きやすいのではないでしょうか。

この途絶リスクも、様々な要因に分類分けができます。ここでは、途絶リスクの分類分けの一例を紹介します。

━サプライヤーの機能不全
サプライヤーにおいてリスクが顕在化することにより機能不全となり、自社に原材料・部品等が届かなくなり、自社の事業が縮小・停止してしまう。

【代表的なリスク】　自然災害、感染症、サイバー攻撃、地政学（戦争等）、企業内不祥事、人材流出、倒産　等

━物流の機能不全
リスクの顕在化により物流機能が混乱・停止してしまうことで、自社に原材料・部品等が届かなくなってしまい、自社の事業が縮小・停止してしまう。

【代表的なリスク】　自然災害、感染症、地政学（戦争・規制等）　等

━モノ自体の不足／確保困難
リスクの顕在化により、原材料・部品等が不足、または十分な量が確保できなくなってしまい、自社の事業が縮小・停止に追い込まれてしまう（上記「サプライヤーの機能不全」「物流の機能不全」も要因として含まれる）。

【代表的なリスク】　需要変化、価格高騰、新技術への対応の遅れ、各種規制　等

いずれのパターンにおいても、共通する点が1つあります。それは、最終的に自社が必要十分な量・質の原材料・部品等を確保できないことで、「自社で製品・サービスが作れなくなる」という点です。途絶リスクの顕在化に伴うサ

プライチェーンネットワークの寸断によって、自社の事業が縮小・停止に追い込まれないように対策を講じる。このことは、特にサプライチェーンを構成してとりまとめる立場である大企業を中心に、非常に関心が高い分野といえます。

3 サステナビリティリスク（持続可能性リスク）

「原材料調達・製造・物流・販売・廃棄」といった一連のサプライチェーンのネットワークにおいて、企業・社会の持続可能性や社会的責任を脅かすリスクを、ここでは「サステナビリティリスク（持続可能性リスク）」と表現します。

サステナビリティリスクの切り口としては、ESGで考えると一番しっくりくるでしょう。

■ [図表1-14] ESGから考えるサステナビリティリスク

E：Environment（環境）	【代表的なリスク】 気候変動、資源枯渇（水・エネルギー等）、廃棄物・有害物質管理、生物多様性　等
S：Social（社会）	【代表的なリスク】 DE&I（Diversity, Equity & Inclusion）、人権問題、労働環境・安全衛生、製品安全　等
G：Government（企業統治）	【代表的なリスク】 コーポレートガバナンス、ステークホルダーエンゲージメント、コンプライアンス、情報開示　等

それでは、これらのリスクが顕在化した場合、サプライチェーンではどのようなことが起きるのでしょうか。

もちろん、サプライチェーンの途絶に伴い、「製品・サービスが作れない」事態を引き起こす場合もありますが、サステナビリティリスクの場合、それ以外にも様々な影響をもたらします。

―**レピュテーションリスクの顕在化：製品・サービスが売れなくなってしまう**

自社にせよサプライヤーにせよ、こうしたサステナビリティリスクが顕在化した場合は、企業としての社会的責任が問われることになります（たとえサプライヤー側に責任があったとしても、最終製品を扱う企業自体にも影響が及びます）。

こうした事案は、SNS等が普及している現代であれば瞬く間に全世界の消費者にも広がりますので、自社ブランドイメージの毀損といったレピュテー

ションリスクにもつながり、最終的には、「製品・サービスが売れなくなる」ことにもつながります。

■**市場淘汰・規制リスクの顕在化：市場や投資家から見放されてしまう**

特にサステナビリティリスクの分野では、国際的な規制の強化や、情報開示の必要条件として組み込まれるケースが多くみられます。そして、こうした国際的な取組み、または日本独自の取組みに対して、企業はサプライチェーン全体として適切に対応し、社会的責任を果たしていかなければなりません。そうしなければ、最終的には消費者だけでなく、「市場や投資家から見放されてしまう（適切な商取引ができなくなってしまう）」ことにつながり、企業の存続自体が危ぶまれることになります。

4　今の時代に求められるサプライチェーン・マネジメント

PART1のまとめとして、今の時代に求められるサプライチェーン・マネジメントのあり方を整理します。

企業のサプライチェーン・マネジメントにおいて、これまで重要視されてきたのは、「Q：Quality（品質）」「C：Cost（価格）」「D：Delivery（納期）」の3つでした。いかに高品質な原材料・部品等を、低価格に、最短納期で調達できるかが企業の最重要課題の1つであり、またこれらを追求したサプライチェーンネットワークを構築したことで、日本企業も大きな成長を遂げてきました。

■**[図表1-15] 今の時代に求められるサプライチェーン・マネジメント**

（出所）MS&ADインターリスク総研作成

しかしながら、グローバルに事業やサプライチェーンが展開されていくにつれて、企業はこれまでと違い様々なリスクに見舞われるようになったほか、サプライチェーンが複雑に「深化」していったことで、思わぬところでリスクが顕在化し、自社に予期せぬ影響が及ぶようになってきました。加えて、国際的な潮流として「企業の社会的責任」や「持続可能な社会」が求められるようになった現代においては、企業は自社だけではなく、サプライチェーン全体としてこれらを考えなければならない時代となりました。

こうした状況を踏まえると、従来のQCDといった効率性を重視したサプライチェーン・マネジメントだけでは不十分であり、リスクに備えたサプライチェーン・リスクマネジメントの分野も十分に検討しなければならないということがいえます。すなわち、効率性だけでなく、特に途絶リスクに対する「強靱性」や、サステナビリティリスクに対応し社会的責任を果たす「持続可能性」についても、サプライチェーン・マネジメントでは考慮しなければならない時代となりました。

本書では、効率性だけでなく強靱性・持続可能性も追求するサプライチェーンを「レジリエントでサステナブルなサプライチェーン」と呼び、今の時代に求められるサプライチェーン・マネジメントのあるべき姿として整理をしていきます。

✅ Checkpoint

- サプライチェーンのリスクは、途絶リスクとサステナビリティリスクの2つの切り口で体系的に捉える。
- 今の時代に求められるのは、効率性だけでなく、強靱性や持続可能性を追求する「レジリエントでサステナブルなサプライチェーン」の構築である。

コラム サプライチェーンとテクノロジーの活用

Q2でサプライチェーンとテクノロジーの活用について触れましたが、サプライチェーン・マネジメントやサプライチェーン・リスクマネジメントは、近年の技術革新によって大きな深化を遂げていますので、その一例を紹介します。

【人工知能（AI）と機械学習】

AIは、サプライチェーン全体から収集された多様なデータを分析して、トレンドやリスクを予測する能力をもっており、これにより需要変動やリスクに迅速に対応できるようになります。また、機械学習を活用することで、サプライチェーンのデータからパターンを抽出し、効率的なワークフローを設計することが可能となり、これによりサプライチェーンの運用効率を向上させることができます。

【ブロックチェーン】

ブロックチェーン技術により、サプライチェーンの透明性とトレーサビリティ（原材料の調達から生産、消費または廃棄まで追跡可能な状態にすること）を高めることができ、これにより不正や偽造のリスクが低減します。また、スマートコントラクト（人の手を介さずに契約内容を自動で実行してくれる仕組み）を通じて契約を自動化することで、取引コストを削減することも可能です。

【ビッグデータ】

ビッグデータはリアルタイムの意思決定を支援し、需要予測や在庫管理の精度を向上させます。また、大量のデータを分析することで、潜在的なリスクを早期に発見し、適切な対応策を講じることができます。

企業はこれらのテクノロジーを活用して、競争力を高め、変化する市場環境に適応し、多様化・複雑化するリスクに備えることが求められています。テクノロジーを取り入れることで、サプライチェーン全体のパフォーマンスを向上させ、リスク管理を強化することが可能となります。

PART 2

レジリエントなサプライチェーンを目指そう

Q9 レジリエントなサプライチェーンが求められるようになった背景はどのようなことですか？

A 大きな契機は2011年に発生した東日本大震災とタイ洪水です。この2つの災害により、企業は「レジリエントなサプライチェーン」の構築を強く推進するようになりました（この節目の年を、本書では「レジリエンス2.0」と位置付けます）。そして、現代では、多種多様なリスクに対応できるように、レジリエントなサプライチェーンの高度化が求められています（本書ではこれを「レジリエンス3.0」と位置付けます）。

1 日本企業がこれまで経験してきた「途絶リスク」

　PART1で、途絶リスクに対する「強靭性」、すなわち「レジリエントなサプライチェーン」を構築することが今の時代には重要であることを説明しました。Q6でも簡単に途絶リスクが注目された背景を説明しましたが、ここではもう少し具体的に、日本企業にフォーカスをあててこれまでの途絶リスクを紹介します。図表2－1は、過去の主なサプライチェーン途絶の事例（大手自動車メーカーを対象）です。

　これらはすべて大手自動車メーカーを対象とした事例であり、かつ代表的な事例（特に国内）に限っているため、細かい事案まで見ていけば、日本企業は日々何らかの「途絶リスク」と隣り合わせの状態にあるといっても過言ではないでしょう（図表2－2、2－3参照）。

[図表2-1] 大手自動車メーカーのサプライチェーン途絶事例

事故名	発生日	概　要
日本坂トンネル火災事故	1979年7月11日	東名高速道路日本坂トンネル下り線で発生した、計173台の多重衝突・車両火災事故。これにより、関東地方のサプライヤー65社の部品供給が断絶（到着遅れ）し、2日間操業停止。
阪神・淡路大震災	1995年1月17日	ディスクブレーキやカーラジオ・カーステレオを供給するサプライヤーが操業停止に追い込まれ、自社も操業停止。同年1月23日より通常操業再開。
大手部品メーカー火災事故	1997年2月1日	ブレーキ・クラッチ関連の3部品を調達していたが、当該メーカーの火災事故を受けて自社も操業停止。同年2月7日より通常操業再開。
新潟県中越沖地震	2007年7月16日	柏崎にある大手自動車部品メーカーにピストンリングを依存していたが、工場被災を受けて自社も全面操業停止。同年7月23日より通常操業再開。
東日本大震災	2011年3月11日	自社工場が複数被災したほか、サプライヤーも659拠点が被災し、1,260品目の調達に支障が生じた。国内工場の生産が正常レベルまで回復したのは同年7月。
タイ洪水	2011年8月～12月	多数のサプライヤーが浸水被害にあい、現地車両工場の稼働を停止。現地工場は同年11月21日より生産再開。タイからの部品供給が滞ったため、同年10月24日から日本国内の車両生産工場の稼働時間を調整。同年11月21日に通常稼働レベルに回復。
熊本地震	2016年4月14日・16日	サプライヤーの被災により、九州の工場のほか、愛知県の工場など全国26ラインの稼働を停止。サプライヤー自身の早期復旧や代替生産等による部品供給も踏まえて、同年5月6日に国内車両組立ラインをすべて稼働させた。
平成30年7月豪雨	2018年6月～7月	西日本を中心に広範囲な被害を受けた平成30年7月豪雨（西日本豪雨）では、大手自動車メーカーだけでなく多くの企業が稼働停止。物流網寸断も相まって、大きな混乱が生じた。
新型コロナウイルス感染症	2019年～	新型コロナウイルス感染症による感染者発生や物流の混乱、これらに起因する半導体不足等により、相次いで工場の稼働停止や減産等が発生。
サプライヤーへのサイバー攻撃	2022年3月1日	内外装部品を生産する主要サプライヤーがマルウエアの感染被害にあい、14ヵ所の工場28ラインが稼働停止。翌日より生産再開したが、約13,000台の生産を見送った。

（出所）西岡正他『サプライチェーンのリスクマネジメントと組織能力』、および各種新聞記事等に基づき、MS＆ADインターリスク総研作成

■ [図表2-2] サプライチェーンの途絶が生じた国・地域（2020年度～2022年度）

(n=221)		中国	日本	ASE-AN 6	北米	NIEs3	その他地域	欧州	その他ASEAN	インド
調達	2020年度	35.7%	25.8%	20.4%	8.1%	7.2%	3.6%	5.9%	2.7%	1.8%
	2021年度	40.3%	29.9%	21.3%	9.5%	5.9%	3.6%	5.4%	4.1%	1.4%
	2022年度	43.4%	31.7%	14.9%	8.6%	5.9%	5.4%	5.4%	3.2%	0.9%
生産	2020年度	29.4%	25.3%	16.7%	6.8%	5.0%	4.5%	4.1%	2.7%	3.2%
	2021年度	31.2%	27.1%	17.2%	6.8%	2.3%	5.4%	3.2%	4.1%	2.3%
	2022年度	35.3%	30.3%	9.0%	6.3%	2.7%	5.0%	3.2%	2.7%	2.3%
販売	2020年度	23.5%	30.3%	19.9%	11.3%	7.2%	11.3%	5.9%	4.1%	5.4%
	2021年度	24.0%	34.4%	18.1%	11.3%	8.6%	16.7%	7.2%	6.3%	5.9%
	2022年度	27.6%	33.5%	14.0%	10.4%	7.7%	11.8%	8.1%	4.1%	5.4%

（出所）経済産業省「通商白書2023年度版」

■ [図表2-3] サプライチェーン途絶による生産と販売への影響

		影響なし	全部または一部が1か月以内の期間停止	10%未満が1か月以上停止	10～30%が1か月以上停止	30～50%が1か月以上停止	50%以上が1か月以上停止	全てが1か月以上停止
生産	2020年度 (n=116)	6.3%	15.4%	2.3%	4.1%	3.2%	5.4%	4.5%
	2021年度 (n=126)	9.5%	26.2%	9.5%	7.1%	8.7%	7.1%	9.5%
	2022年度 (n=134)	11.9%	24.6%	6.7%	10.4%	6.7%	9.0%	7.5%
販売	2020年度 (n=111)	6.3%	21.6%	10.8%	14.4%	6.3%	9.0%	4.5%
	2021年度 (n=119)	6.7%	21.8%	12.6%	15.1%	8.4%	5.0%	8.4%
	2022年度 (n=125)	9.6%	18.4%	14.4%	13.6%	5.6%	8.0%	8.0%

（出所）経済産業省「通商白書2023年度版」

2　日本でレジリエントなサプライチェーンが求められるようになった背景

　改めてレジリエントなサプライチェーンが求められるようになった背景や、これまでの流れを整理します（以下、「レジリエンス＋数字」の表記で説明しますが、この考え方は、明確な定義や呼称があるわけではなく、あくまで筆者の主観に基づいたオリジナルの表記となります）。

■ レジリエンス1.0 〜「自社」のレジリエンスへの関心〜

　日本はこれまでも、「災害大国」といわれているとおり、多くの自然災害に見舞われてきました。これらの経験から、多くの企業が、まずは「自社」としての自然災害への備え（特に地震を対象とした対策）について関心高く取り組み、自身の強靱性（レジリエンス）を高めてきました。1995年の阪神・淡路大震災の時点では、まだBCP（事業継続計画）といった言葉はほとんど知られていませんでしたが、2001年の9.11同時多発テロをきっかけに、日本企業においても、大企業を中心にBCP策定の機運が高まりました。こうした自社のレジリエンスへの取組みを、「レジリエンス1.0」と位置付けます。

■ レジリエンス2.0 〜「サプライチェーン」のレジリエンスへの関心〜（2011年）

　そうしたなか、大きな契機となったのが2011年の東日本大震災です。この震災では、東北地方や茨城県等を中心に、多くの企業が広域にわたって被災したことにより、「自社が無事であったとしても、サプライヤーが被災することで自社の事業が停止してしまう」ことに焦点があたるようになりました。また、同年8月〜12月に発生したタイ洪水も相まって、「サプライチェーン」のレジリエンス、「レジリエントなサプライチェーン」の構築を否が応でも強く意識せざるをえなくなったのです。こうした「自社→サプライチェーン」へのレジリエンスへの取組みを、「レジリエンス2.0」と位置付けます（この後、2016年の熊本地震で、これまでのサプライチェーン取組みの有効性確認、見直し等が行われましたが、これを「レジリエンス2.5」と位置付けます）。

■ レジリエンス3.0 〜レジリエントなサプライチェーンの高度化〜（〜現在）

　そして現在では、頻発化・激甚化する「豪雨災害リスク」への対応や、悪意のある第三者等による「サイバー攻撃リスク」、グローバルかつ中長期的に影響を及ぼす「感染症リスク」や、予測が難しい「地政学リスク」等、これまでの「地震リスク」一辺倒で考えてきたサプライチェーン対策から視点を変えて、多種多様なリスクに対応できるように、レジリエントなサプライチェーンをより「高度化」することが求められるようになりました。こうした高度化の波を、「レジリエンス3.0」と位置付けます。

■ [図表2-4] レジリエントなサプライチェーンの系譜

（出所）MS&ADインターリスク総研作成

3 レジリエントなサプライチェーン構築において有効な手段

それでは、こうしたレジリエントなサプライチェーンを構築するにあたって、各企業が取り組んできたことは何でしょうか。

それは、サプライチェーンまでを網羅したBCPの策定（本書では「サプライチェーンBCP」と表記します）、ならびにBCPに紐づく対策の検討と実施です。☞これらの詳細については、Q10～Q12を参照

✓ Checkpoint

・2011年に起こった東日本大震災とタイ洪水の災害による途絶リスクが、企業のレジリエントなサプライチェーンの構築を推進させた。
・現在では、地震リスクだけでなく、豪雨災害リスク、サイバー攻撃リスク、感染症リスク、地政学リスクについても対応できるように、レジリエントなサプライチェーンをより高度化することが求められている。

Q10 サプライチェーンBCPとは何ですか?

A 　災害等の緊急事態においても、サプライチェーンが途絶しないように、または途絶した場合でも目標の時間・レベル内に復旧し、維持させることを目的としたサプライチェーン戦略であり、サプライチェーンにおける「リスク把握」「事前対策」「事後対策（対応策）」等を盛り込んだ計画を指します。

1 レジリエントなサプライチェーンを構築するための「サプライチェーンBCP」

　サプライチェーンにおけるリスクへの強靱性（レジリエンス）を高めて、「レジリエントなサプライチェーン」を構築するための有効な手段の一つが、「サプライチェーンBCP」の構築です。

　BCPとは、「Business Continuity Plan」の略称であり、「事業継続計画」を意味します。そしてBCPは、大きく以下の2つの目的を達成するための「緊急時の経営戦略」として位置付けられています。

2 BCP策定の目的

　災害等の緊急事態における自社の目的は、主として次の2つです。
○自社の重要な事業・業務が途絶しないようにする
○万一、途絶した場合でも、目標の時間・レベル内に復旧し、継続させる

　これをサプライチェーンに置き換えたものが、「サプライチェーンBCP」となります。

　※なお、多くの企業が、自社の通常のBCPの中に「サプライチェーン途絶への対応」も含んでいるため、サプライチェーンBCPという名称で個別に策定しているケースは少ないですが、本書ではサプライチェーンに焦点を当てるため、「サプライチェーンBCP」として説明します。

3 サプライチェーンBCPに盛り込むべき事項

■ [図表2-5] サプライチェーンBCPの概念図

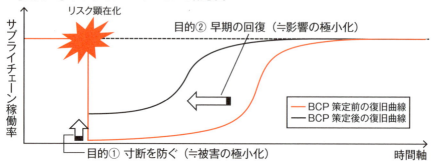

（出所）MS&ADインターリスク総研作成

— **リスクの把握**

　リスクマネジメントの第一歩は「リスクの把握」であり、これはサプライチェーンBCPであっても同様です。☞Q7を参照。

　自社のサプライチェーンを取り巻くリスクを把握し、リスクが顕在化したときの影響等を整理します。

— **サプライチェーン上の事前対策**

　上記の「リスクの把握」を踏まえて、サプライチェーンの途絶を防ぐ、すなわちサプライチェーンの被害を最小化するための事前対策を検討し、講じる必要があります。

　この事前対策の考え方や、具体的な対策事例等については、以降のQで紹介します。

— **サプライチェーン上の事後策（対応策）**

　どんなに事前対策を施したとしても、何らかのリスクの顕在化によるサプライチェーン上の被害は想定されます。こうした実際にリスクが顕在化した場合の事後策（対応策）も併せて検討しなければなりません。

　この事後策（対応策）で考えるべきことは、主に以下の2つです。

　○迅速な情報把握
　○事業継続戦略の検討

　このうち、事業継続戦略の検討について、戦略のパターンは後掲図表2－7のように2つに大別されます（これは通常のBCPでも同様です）。

Q10 サプライチェーンBCPとは何ですか？

■ [図表2-6] BCPの策定や推進にあたっての問題点や課題

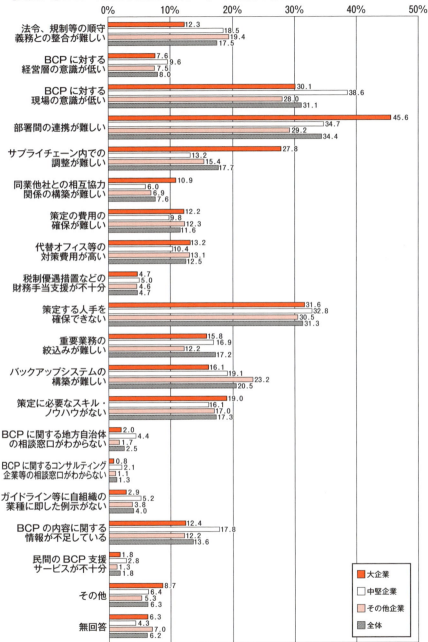

（出所）内閣府「令和3年度　企業の事業継続及び防災の取組に関する実態調査」

■ [図表2-7] 事業継続戦略の主な2パターン

応急対策（復旧戦略）

早期にサプライチェーンを復旧する
「応急対策（復旧戦略）」

代替戦略

サプライヤー等の復旧を待たずに
サプライチェーンを再開する「代替戦略」

（出所）MS＆ADインターリスク総研作成

4 サプライチェーンBCPを検討することの難しさ

　一方で、特に大企業を中心に、サプライチェーンを網羅したBCPを策定することの難しさを感じていることも事実です。

　前掲図表2－6は、2021（令和3）年度に内閣府が実施したBCP等に関する実態調査結果ですが、BCP策定・推進における課題のうち、「サプライチェーン内での調整の難しさ」が大企業では上位に入っています。これまでに築き上げてきた多層化・複雑化したサプライチェーンネットワークが、サプライチェーンBCP構築をより難しいものにしていると考えられます。

✓ Checkpoint

- サプライチェーンBCPとは、サプライチェーンまでも網羅した事業継続計画のことであり、サプライチェーンが途絶しないようにすることや、途絶しても目標時間・レベル内に復旧・継続させることを目的としている。
- BCPの策定や推進にあたっては、大企業を中心に「サプライチェーン内での調整の難しさ」が課題の一つとなっている。

Q11 サプライチェーンBCPの構築手法にはどのようなものがありますか?

A Q7で紹介したサプライチェーン・リスクマネジメントの構築手法に、BCPに求められる要素である「事業の優先順位」や「事業への影響度の分析」を盛り込むことが一般的です。

① サプライチェーン可視化
② 重点サプライチェーンの絞り込み(BCP要素)
③ リスク分析・事業影響度分析による重要品目・サプライヤーの絞り込み(BCP要素)
④ 対策立案・実行
⑤ 監視・モニタリング
⑥ 是正・改善

1 サプライチェーンBCPの構築手法

サプライチェーンBCPの構築手法ですが、サプライチェーン・リスクマネジメントの構築手法を基本的には踏襲しつつ、BCPに求められる要素を組み込むような形となります。

■ [図表2-8] サプライチェーンBCPの構築手法

(出所) MS&ADインターリスク総研作成

2 Step 1:サプライチェーンの可視化

Step 1 はQ7で紹介した手順と同様です。サプライチェーンにおける仕入品目等をリストアップし、品目ごとに仕入先・調達先・拠点住所・取引量等を整理しましょう(Tier 2以降については、Tier 1の協力を仰ぐことが必要不可欠

です)。

3　Step 2：重点サプライチェーンの絞り込み

　Step 2 は、BCPの要素を盛り込んだサプライチェーンBCPならではのステップです。

　通常、BCPにおいては、緊急時においても復旧・継続を優先すべき「重要事業」を企業として定めることを基本としています。これは、様々なリソースの毀損が懸念される事態においては、平時と同じように事業を展開することが難しいため、事業や業務に優先順位を付けて対応することが求められるからです。この観点から見れば、サプライチェーンについても、この重要事業に紐づくサプライチェーンに対してまずは重点的に対策を進めることが効率的です。

　加えて、この時点で特に重要な調達品目（依存度の高い、代替が難しい品目等）に分析対象を絞ることで、より対策の検討がしやすくなるでしょう。

4　Step 3：リスク分析・評価＋事業影響度分析

　Step 3 も、BCPの要素を盛り込んだサプライチェーンBCPならではのステップです。

　リスク分析・評価はＱ7で紹介した通りの作業です。Step 2 で抽出した調達品目のサプライヤーについて、リスク分析・評価を行い、取り巻くリスクや供給停止の可能性を分析します。☞具体的な取組みはQ17を参照

　加えて、その調達品目やサプライヤーの「事業における重要度」を分析します（これをBCPの分野では「事業影響度分析（BIA：Business Impact Analysis）」と呼びます）。これは、「各品目がどのくらいの期間調達できなければ、どの程度事業に影響を与えるのか」や「調達品目ごとにサプライヤーの取引量を整理し、事業に影響を与えやすいサプライヤーはどこか」等を整理します。

　Step 2 の検討結果を踏まえながら、この２つの分析を掛け合わせることで、特に影響度の大きい重要調達品目や重要サプライヤーのさらなる絞り込みを行います。

　イメージとして、図表２－９は、事業への影響度と代替困難性（供給停止のリスクが高い）の観点からマッピングした調達品目の分類分けの例です。このうち、有事が起きた場合のサプライチェーン途絶リスクが高い「戦略品」と「ボ

トルネック品」に該当する調達品目・サプライヤーを重点的に対策する必要があります。

■ [図表2-9] 重要調達品目・サプライヤーを絞り込むためのマッピング図

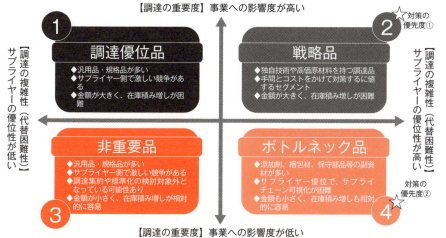

（出所）MS&ADインターリスク総研作成

5 Step 4：対策立案・実行

Step 2〜Step 3を通じて絞り込んだ調達品目・サプライヤーに対して、レジリエンス力を高めるための対策を立案・実行します。☞具体的な対策については、Q12で紹介

以降、「Step 5：監視・モニタリング」と「Step 6：是正・改善」は、Q7で紹介した作業と同様となります。

✓ Checkpoint

- サプライチェーンBCPの構築手法は、サプライチェーン・リスクマネジメントの構築手法を踏襲しつつ、BCPに求められる要素を組み込んでいく。
- サプライチェーンBCPならではの手法として、「重点サプライチェーンの絞り込み」がある。

Q12 サプライチェーンBCPではどのような対策を進めればよいのでしょうか？

A 主なサプライチェーン上の事前対策としては、①被害軽減策推進、②在庫、③シンプル化、④自社関与の強化、⑤連携・調整、⑥代替・切替・複線化、が挙げられます。また、リスクの顕在化を見据えた事後対策（対応策）として、①迅速な情報把握（予兆の検知含む）、②在庫放出・活用、③復旧支援、④代替等の検討、が挙げられます。これらはサプライヤーに焦点を当てた対策ですが、その他にもサプライチェーンを構成する要素として、物流網の途絶に対する対策も事前に検討すべきでしょう。

1 サプライチェーンBCPで検討すべき対策

Q11で紹介したサプライチェーンBCPの構築手法のうち、「Step 4：対策立案・実行」の具体的な対策・戦略が、まさしく「レジリエントなサプライチェーン」を構築するための戦略となります。

サプライチェーンBCPに盛り込むべき事項の「事前対策」と「事後対策（対応策）」の２つの切り口が重要です。

2 サプライチェーン上の「事前対策」

サプライチェーン上で行われる事前対策（サプライチェーンがそもそも途絶しないようにし、被害を最小化する）は様々ありますが、およそ６つの戦略に大別されます。

- **被害軽減：サプライヤー自身のレジリエンスを強化する**

この取組みは、サプライヤー側に働きかけを行い、サプライヤー自身の被害軽減策を推進してもらうというもので、多くの企業が取り入れている戦略です。
　○サプライヤーに対してハード面の対策（耐震対策等）を推奨する
　○サプライヤーに対してBCPの策定支援や教育・訓練を実施してソフト面の対策を推進する
　○サプライヤー側で代替生産ができるように働きかけを行う

[図表2-10] サプライチェーン上の事前対策

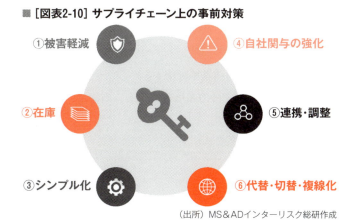

（出所）MS＆ADインターリスク総研作成

― **在庫：万一に備えて平時から在庫を積み増す**

　在庫を積み増すという取組みも、多くの企業で採用されているBCP上の戦略といえます。一方で、在庫の保有はキャッシュフローの減少等にもつながるため、平時の経営戦略とのバランスを取りながら検討することが求められます。

　なお、一口に在庫といっても、以下の4種類に大別されます。

- ○サプライヤー側での在庫保有・積み増し
- ○自社の原材料・部品在庫の保有・積み増し
- ○仕掛品・完成品在庫の保有・積み増し
- ○流通在庫の保有・積み増し

― **シンプル化：調達複雑性・代替困難性を解消する**

　供給停止リスクが高い調達品目や、代替が難しい調達品目に対して行われる戦略であり、主に以下の取組みを通じて調達複雑性・代替困難性を解消するというものです（図表2－9で紹介した調達品目マップのうち、「戦略品」「ボトルネック品」に該当する品目を、「調達優位品」や「非重要品」へ移行させる）。

- ○標準化（モジュール化、汎用品への切替え等）
- ○共通化（既存部品の流用、新設部品の共有）
- ○内製化（社内生産に切り替えて、調達品目から除外する）

― **自社関与の強化：自社のバイイングパワーを高める**

　平時の経営のシナジー効果や事業戦略、事業承継問題等の観点から実施した資本提携やM＆A等を通じて、副次的に自社の関与（バイイングパワー）が高まり、以下がお願いしやすくなるというものです。

〇被害軽減
　　〇サプライヤー側の在庫保有・積み増し
　　〇連携・調整
■連携・調整：サプライヤーとの連携を強化する
　平時の段階からサプライヤーとの連携を強化し、有事の際にスムーズに対応できるようにするというものです。主に以下のような取組みが行われています。
　　〇サプライヤーと優先供給契約を締結する
　　〇サプライヤー間の連携を実現させる
　　〇年次・中長期でのオーダー確約を行う
　　〇リードタイムを調整する
■代替・切替・複線化：途絶リスクの根本的解消を目指す
　最もサプライチェーンのレジリエンス力を高める戦略の一つであり、多くの企業が検討を進めている対策（図表２−11）ですが、在庫と同様に、効率性の観点からは相反する戦略であるため、平時の経営戦略とのバランスが求められます。
　　〇代替調達先の選定
　　〇転注・切替
　　〇サプライヤーの二重化・複線化・多様化
　　〇サプライヤーの分散化

■[図表2-11] サプライチェーン見直しの内容

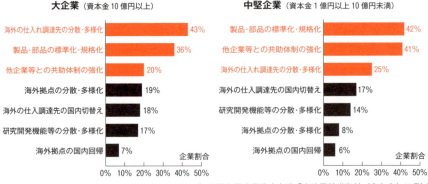

（出所）内閣官房成長戦略会議「事務局基礎資料（令和２年11月）」

3　サプライチェーンの「事後対策（対応策）」

　次に、実際に緊急事態が発生した際のサプライチェーン途絶リスクに対する

「事後対策（対応策）」を検討します。こちらは4つに大別されます。

━迅速な情報把握（予兆の検知も含む）

緊急事態が発生した場合（またはその予兆がある場合）、実際にどのような対応策を進めていくかは、サプライヤーの被災状況やそれに伴う供給停止期間・程度に左右されます。そのため、速やかに緊急事態の全容を把握し、サプライヤーの被災状況（見込み）を確認・整理することが求められます。予兆の検知手順の整理や、緊急連絡網の整備、報告体制・ルールの整備のほか、大手企業ではこれらの情報を一元管理するシステムを導入しているケースも多くみられます。

━在庫放出・活用

事前対策で在庫の保有・積み増しを実行している場合は、サプライヤー側の在庫放出、または自社で保有している原材料・部品在庫で生産を補うことになります。また、完成品在庫や流通在庫を保有している場合は、サプライヤーが復旧するまでは、当面の間は生産をストップして在庫放出で乗り切るという方法もあります。こうした動きは、事業継続戦略の「応急対策」に該当します。

☞Q10を参照

━復旧支援

もう一つ、「応急対策」に該当する戦略として、復旧支援という考え方があります。これは、被災したサプライヤーに対して自社の人員や資機材を送り込んで、復旧を早めるというものです。

こうした動きは特に自動車業界を中心に行われており、2016年の熊本地震や豪雨災害などでも功を奏した戦略となります。

■ [図表2-12] 復旧支援の事例

大手自動車メーカーA	熊本地震では、災害直後から現地に支援部隊を送り、2016年4月26日時点で約60人のメンバーが被災地支援を第一に現地での復旧活動にあたり、4月26日までの延べ人数は約170人に上る。2007年中越沖地震では、約400人の支援スタッフを現地に送り、被災企業だけでなく周辺工場も含め復旧支援にあたった。
大手自動車メーカーB	地震や台風など自然災害時のサプライヤーの支援体制を強化。有事の際に、迅速に取引先のもとに駆け付ける専任の支援チームを新たに社内で立ち上げ、早期復旧をサポートする。
大手自動車メーカーC	被災時の先遣隊派遣や専門性の高い復旧サポート隊の整備を進める。

（出所）リスク対策.com、日刊自動車新聞等をもとにMS&ADインターリスク総研作成

■ **代替等の検討**

　サプライヤーの途絶が発生、または見込まれる場合に、早期に代替策を検討する戦略です。これは、別の調達先の部品に振り替える、自社製部品で代用するといった動きであり、過去の災害でも多くの企業が採用してきた事業継続戦略となります。☞Q10で紹介した「代替戦略」に該当

　こうした緊急時の代替・切替の動きは、調達部門だけで解決する事案ではなく、生産部門のほか、開発部門（仕様変更等に伴う開発行為）、品質保証部門（代替品による品質基準確保の是非）、営業部門（代替品使用に関する顧客の承認）等とも調整をしなければなりません。

4　その他に検討すべき対策

　これまでに挙げた対策は、主に「サプライヤー」を中心とした対策となります。サプライチェーンBCPにおいては、その他にも「物流網の途絶」を考慮した対策も検討する必要があります。

　「物流網の途絶」に対する対策として、自社でできることは少ないのが現状ですが、主に以下のような対策が考えられます。

○物流センターや物流拠点（倉庫等）の対策強化（耐震対策、浸水対策、非常用発電機導入等）
○物流拠点の分散化（物流センターの二重化、代替物流拠点の確保、自社拠点（営業所等）の物流機能付与等）
○物流業者のBCP等の確認
○共同物流の導入（複数企業が共同で物流機能を担う）

✓ Checkpoint

- サプライチェーンBCPの事前対策には、被害軽減策推進、在庫、シンプル化、自社関与の強化等が挙げられる。
- サプライチェーンBCPの（リスクの顕在化を見据えた）事後対策としては、迅速な情報把握、在庫放出・活用、復旧支援等が挙げられる。

Q13 自然災害を対象とした対策のポイントを教えてください

A 自然災害リスクの特徴は、「地域性」があること、そして自然災害の種類によって「突発型」と「進行型」の2種類に大別され、それぞれ対応の基本的な考え方が異なることにあります。サプライチェーンをとりまとめる企業も、サプライチェーンを構成する企業も、そうした地域性や対応の基本的な考え方に則した対策を検討することが重要となります。

1 サプライチェーンにおける自然災害リスク

日本企業が「レジリエントなサプライチェーン」を考えるようになったきっかけは、東日本大震災やタイ洪水といった「自然災害リスク」であり、私たちにとって非常に身近なリスクとなっています。2011年当時の調査（図表2－13）では、自然災害リスクが「サプライチェーンの混乱を最も引き起こしやすいリスク」と指摘されているなど、従来、非常に関心の高いリスクとなっています。☞この傾向が現在では変化している点については、Q14以降で紹介

■ [図表2-13] サプライチェーンリスクの認識（2011年）

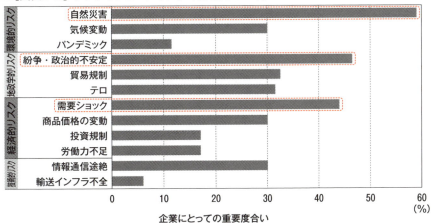

（出所）経済産業省「令和3年版通商白書」（2021年6月）をもとにMS＆ADインターリスク総研作成

自然災害リスクについて、大きく2つの特徴を紹介します。

▬ 地域性の違いがある

自然災害リスクの一番の大きな特徴は、その「地域性の違い」です。日本においては、全国的に発生する地震リスクのほか、昨今、頻発化・激甚化している豪雨災害リスクをはじめ、地域によっては津波リスク、土砂災害リスク、大雪リスク、火山噴火リスクと、その地域固有の自然災害リスクも存在します。

さらに、世界に目を向けると、多くのサプライヤーが集積する東南アジアでは洪水リスクが高く、米国ではハリケーンリスクが影響の大きなリスクになっているなど、地震リスクが真っ先に挙げられる日本とは全く様相が異なります。

自然災害リスクを考えるうえでは、こうした地域性を踏まえることが重要です。

▬ 「突発型災害」と「進行型災害」の2種類がある

もう一つの大きな特徴として、自然災害リスクの中にも、「突発型災害」と「進行型災害」の2つにリスクが大別される、という点があります。

①突発型災害：事前予測が困難であり、かつ短時間の現象となる災害
　例：地震・津波、雷、火山噴火（噴火警報等はあるが、およそ予測が困難な災害に分類）等
②進行型災害：事前予測が比較的可能であり、長時間にわたる現象となりやすい災害
　例：台風、豪雨、洪水、大雪　等

突発型災害の場合は、事前の予測が困難であるため、事前のルール等の周知徹底や発災直後の迅速な対応が重要です。一方で進行型災害の場合は、実際に

被害が発生する前にある程度の準備が可能であるため、「いつ」「誰が」「何をするか」を整理することが重要です（これを「タイムライン防災」と呼びます）。

このような個々の自然災害リスクの特性を踏まえたうえで、対応を検討する必要があります。

■ [図表2-14] 災害対応におけるタイムラインの位置付け

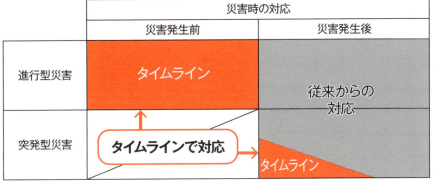

（出所）国土交通省「タイムライン（防災行動計画）策定・活用指針（初版）」

2　サプライチェーンにおける自然災害リスク対策のポイント

―サプライヤーの自然災害リスクを把握する

自然災害リスクの「地域性」の側面からは、自社が抱えるサプライヤーについて、その所在地等から自然災害リスクを把握することが重要となります。

多数のサプライヤーを一度に調べることは労力がかかるため、特に重要なサプライヤーや、サプライヤーが集中しているエリアに絞って確認する等の進め方が望ましいです（なお、MS＆ADインターリスク総研では、住所情報をもとに自然災害リスクを一覧で抽出できる「拠点リスク診断サービス（国内・外）」があります）。

―サプライヤーの脆弱性を把握する

上記の「サプライヤーの自然災害リスクを把握する」ステップを踏むと、「自然災害リスクに見舞われる可能性の高いサプライヤー」が洗い出されます。ここからさらに踏み込んで、サプライヤーの脆弱性を把握することが重要です。

例えば、大手自動車メーカー等を中心に、大企業ではサプライヤーに対して毎年アンケートを展開し、自然災害リスクに対する事前対策の取組状況を確認しています。アンケートを通して明らかになったサプライヤーの現状の対策状

況と、自然災害の拠点リスクを掛け合わせたうえで、「対策を検討しなければならない（＝脆弱性の高い）サプライヤー」を抽出します。

━迅速な情報把握がカギとなる

　自然災害リスク、特に地震等の「突発型災害」の場合は、いきなりリスクが顕在化することになるため、最初の動き出しが肝心となります。また、「進行型災害」の場合も、事前に情報をキャッチ・分析して、対策を打ち出しておくことで、サプライチェーンの被害を未然に防ぐことができます。Yahoo!防災アプリ等をはじめとした、一般でも入手できる防災関連のスマートフォンアプリのほか、システム系会社が展開しているサプライチェーン管理システム等を導入することで、いち早く災害情報をキャッチするようにします。

━サプライヤー自身が被災想定リスクを知る

　サプライヤー個社としても、やはり自社の自然災害リスクを把握することが肝心となります。一方で、特に中小企業においては、ハザードマップを確認したことがある企業が４～５割程度にとどまっている（図表２－15）など、自然災害リスクに対する関心が高まっていないのが現状です。サプライチェーンをとりまとめる企業としても、サプライヤー個社にハザードマップ等による被災想定リスクの把握を働きかけます（図表２－16に挙げるサイトがお勧めです）。

■ [図表2-15] 従業員規模別にみた、自社の地域のハザードマップを見たことがある企業の割合

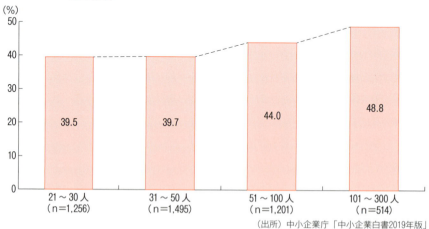

（出所）中小企業庁「中小企業白書2019年版」

■ [図表2-16] 住所情報等から自然災害リスクを調べるサイト（日本国内）

サイト名	公表機関	概要
J-SHIS地震ハザードステーション	（国研）防災科学技術研究所	住所情報をもとに、地震の発生確率や断層の有無等を確認できるサイト
重ねるハザードマップ	国土交通省	住所情報をもとに、洪水・土砂災害・高潮・津波等のハザードマップが確認できるサイト
わがまちハザードマップ	国土交通省	所在する市区町村を選択すると、当該市区町村のハザードマップの有無が確認でき、またリンクにも飛べるサイト

（出所）MS＆ADインターリスク総研作成

― 「身の丈に合った」事前対策を推進する

サプライヤーに対し、把握できた自然災害リスクについて、被害想定を踏まえて「身の丈に合った」事前対策を推進するように働きかけます。サプライヤー個社ごとのこうした地道な取組みが、レジリエントなサプライチェーン構築につながります。

■ [図表2-17] 事前対策の検討例（地震の場合）

経営資源		特に重要な経営資源	想定被害	平時に講じておくべき事前対策	費用対効果を踏まえた優先順位
ヒト	スキル	Aさん	遠方に居住しているため出社できない	人材育成・増強	
	管理者	Bさん	遠方に居住しているため出社できない	代行者の設定	★
モノ	建物	建屋C	建物損壊の可能性がある	耐震対策の強化 拠点二重化	
	設備	設備D	設備損壊の可能性がある	固定対策の実施 設備二重化	★
	外部インフラ	電気	停電により稼働不可	非常用発電機の導入	
カネ			被災により資金ショート	損害保険の加入	
システム	システム	Eシステム	自社にサーバーがあり、システム稼働停止	外部データセンターへの移転	
	データ	Fに関するデータ	上記に伴うデータ消失	バックアップ	★
外部	外注	G、H	生産停止	二重化	
	調達先	I、J	生産停止	在庫積み増し	
	物流		通行不可	なし	

（出所）MS＆ADインターリスク総研作成

ここでいう「身の丈に合う」とは、「費用対効果を見極める」ということです。すべてのリソースについて万全な対策をとることは効率が悪いため、「まずは安否確認ルールを整える」「まずは設備Aの対策を進める」「BCPを策定する」といったように、費用対効果を意識しながら、優先順位を付けて対策を進めるようにします。

✓ Checkpoint

- 自然災害リスクの特徴は、「地域性の違いがあること」と、「突発型と進行型の2つに大別されること」である。
- 突発型災害とは、事前の予測等が困難、かつ短時間の現象となる災害であり、地震や津波、火山噴火等が挙げられる。
- 進行型災害とは、事前予測が比較的可能で長時間にわたる現象となりやすい災害であり、台風や豪雨、洪水等が挙げられる。

Q14 感染症を対象とした対策のポイントを教えてください

A 感染症リスクは、影響力の範囲と期間から、コントロールしづらく出口が見えにくいリスクであり、企業としても対策を検討することが難しいリスクといえます。サプライチェーンの見直しや再構築といった、抜本的な対策も視野に入れながら、新型コロナウイルス感染症の経験が今後のパンデミック（強毒型新型インフルエンザ等）にも活きるように、今のうちから振り返りを行うことが大切です。

1 サプライチェーンにおける感染症リスク

　医療技術等が発達した現代においても、「新興感染症（以前には知られていなかった新たな感染症）」や「再興感染症（過去に流行した感染症で一度は発生数が減少したものの、再び出現した感染症）」の懸念があり、感染症は依然として私たちにとっての脅威となっています。特に2019年以降の新型コロナウイルス感染症では、感染症リスクがサプライチェーンにおいても脅威をもたらすことが明らかになりました。

　このような感染症リスクの特徴を確認してみましょう。

―影響が広範囲にわたり、出口が見えない（長期化）

　2019年以降の新型コロナウイルス感染症への対応を見てもわかるとおり、感染症リスクは一度まん延すると、影響がグローバルにわたり、かつ出口が見えないという、非常に厄介なリスクでもあります。自然災害リスクであれば、影響はおおよそ局所的であり、出口もある程度見えている（復旧・復興を目指す）ものですが、感染症リスクはそうしたコントロールや予測、出口を設定することが難しいものとなります。人類が撲滅できた感染症は天然痘のみといわれており、そもそも出口というものがないのかもしれません（図表2－18）。

―複合的な影響をもたらす

　感染症リスクといえば、これまでは「社内での感染者発生」が大きな課題として挙げられ、いかに社内での感染拡大を抑えるか、従業員が感染した場合にどう対応するかといった、「ヒト」の面での対策に焦点が当てられていました。

■ [図表2-18] これまでに流行した主な感染症（新型コロナウイルス感染症を除く）

感染症	時　代	被害概要
天然痘	紀元前〜1980年	●天然痘の侵入により、ネイティブアメリカンの人口が50年間で8,000万人から1,000万人に減少。20世紀だけでも全世界で死者3億人にのぼる。 ●1980年「世界根絶宣言」を行い、人類が撲滅できた唯一の感染症となる。
ペスト （黒死病）	14世紀	●ヨーロッパだけで全人口の4分の1〜3分の1にあたる2,500万人が死亡したといわれる。
スペインかぜ （H1N1型）	1918年	●当時の世界人口18億人の4分の1程度に相当する5億人が感染。死者は4,000万人以上から、1億人に達した可能性も指摘される。
アジアかぜ （H2N2型）	1957年	●世界で200万人以上が死亡と推定。
香港かぜ （H3N2型）	1968年	●世界で100万人以上が死亡と推定。
SARS （重症急性呼吸器症候群）	2002年	●32の国・地域に感染が広まり、感染者数8,000人、死亡者約780人。
新型インフルエンザ （H1N1型）	2009年	●全世界に感染が拡大し、WHO試算では死亡者は約18,500人（米疾病対策センター（CDC）では、死者は28万人に達すると推計）
MARS （中東呼吸器症候群）	2012年	●2019年11月までに患者数約2,500人、死亡者数約860人。2024年7月現在も収束の見通しは立っていない。

（出所）厚生労働省等各種資料をもとにMS＆ADインターリスク総研作成

　しかしながら、新型コロナウイルス感染症を受けて、感染症リスクが「ヒト」の問題だけではなく、様々な影響（マイナス面だけでなく、プラス面も含めて）を複合的にもたらすことがわかりました（図表2－19、2－20）。

Q14 感染症を対象とした対策のポイントを教えてください

■ [図表2-19] コロナショックがサプライチェーンに与えた影響（製造業）

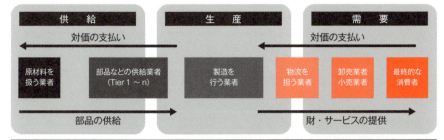

・国際的な影響の例

減産
・自動車製造が26.4%減産（韓国）
・60%以上の企業が中国からの注文の遅延を経験（米国）
・自動車製造が80%減産（中国）

事業環境の悪化
・大手製造業の付加価値は13.5%低下（中国）
・6%の中小企業が従業員不在による操業中断を報告（韓国）

売上の減少
・自動車販売が79%減少（中国）
・半数以上の企業が売上減少を報告（カナダ）
・40%の中小企業は販売活動停滞を報告（韓国）
・自動車販売が10.3%減少（日本）

サプライチェーンの停滞
・75%の企業がサプライチェーンの停滞を報告（米国）
・自動車産業において50%の中小企業が配送の混乱を報告（韓国）
・貨物便料金が300%の値上がり（米国）

資金繰りの悪化
・3分の1の中小企業は保有している現金が1ヶ月分にとどまることを報告（中国）
・69%の中小企業が資金繰り悪化を報告（英国）
・80%の事業者が資金繰り悪化を報告（インド）

需要変動
・マスクの生産が127.5%増加（中国）
・スマートウォッチの生産が119.7%増加（中国）
・冷凍肉・即席麺の生産がそれぞれ13.5%、11.4%増加（中国）

（出所）経済産業省「通商白書2021年度版」

■ [図表2-20] 新型コロナウイルスの感染拡大を受けたサプライチェーンの途絶の一例

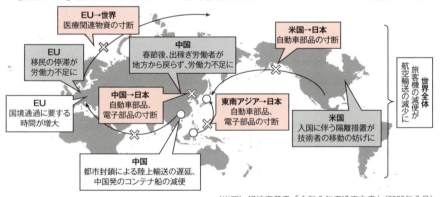

（出所）経済産業書「令和2年度通商白書」（2020年7月）

2　感染症リスクへの対策

感染症リスクへのサプライチェーン対策の重要ポイントについて紹介します（ここでは、「感染予防策の徹底」といった基本的事項は省略します）。

― サプライチェーンの見直し・再構築（代替・分散・内製化等）を視野に検討する

今回の新型コロナウイルス感染症を受けて、サプライチェーンを管轄する企

業の多くが、自社のサプライチェーンの見直し・再構築を実施しています（図表2−21、2−22）。これは、自然災害リスクのように、局所的な被害において早期の復旧・復興を目指すものと違って、広範囲にわたる影響の長期化のなか、対症療法的に対策を打つのではなく、根本的にサプライチェーンの見直し・再構築を行おうと企業側が判断したと推察されます。

感染症リスクのような影響の長期化が見込まれるリスクについては、こうした抜本的な見直しが求められるようになります。

■［図表2-21］サプライチェーンに関する対応策

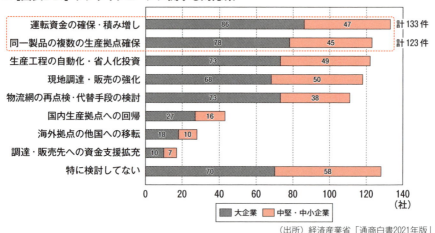

（出所）経済産業省「通商白書2021年版」

■［図表2-22］コロナショックを契機に実施した対応策の評価

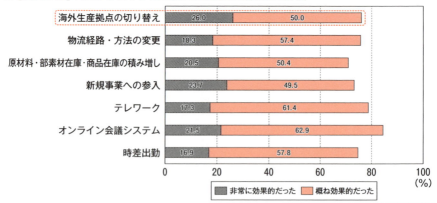

（出所）経済産業省「通商白書2021年版」

―自動化・省人化・リモート化等の推進

　新型コロナウイルス感染症においても、サプライチェーンをとりまとめる企業、サプライヤー個社共に、多くの企業が取り組んでいましたが、生産工程や業務の自動化・省人化・リモート化等がやはり感染症リスクにおいては有効な対策となります（図表2－21や図表2－22においても、これらに関する対策が回答として挙がっています）。

　※政府でもこれらの取組みを強く推奨しており、各種助成金等を展開しています。

―資金繰りの見直し

　コロナ禍においては、特にサプライヤー個社を中心とした中小企業等を対象に、資金繰りの見直し等がたびたび話題となりました。

　例えば、シンクタンク機関の調査によると、コロナ禍で企業収益が大きく低下したが、これまで蓄積してきた内部留保を取り崩すことでその影響を最小限にとどめている事例もあるとし、「内部留保の存在意義が見直されつつある」と分析しています。

　感染症リスクにおいては、需要と供給の変化により、キャッシュが極端に、かつ一定の期間入ってこないという事態が想定されるため、企業の財務運用が大きく変化することから、しっかりと動向を注視する必要があります。

■ [図表2-23] コロナ前後の企業の財務状況

		2019年4～6月 （兆円）	2020年4～6月 （兆円）	前年同期比 （兆円）	（％）
収益	売上高	346	285	－61	－17.7
	経常利益	23	12	－11	－46.6
	人件費	44	41	－3	－7.3
資産	現預金	202	224	23	11.2
	有形固定資産	273	264	－9	－3.4
負債・ 純資産	借入金・社債	493	544	51	10.3
	純資産合計	747	738	－10	－1.3
	うち利益剰余金	467	459	－8	－1.8

（出所）株式会社ニッセイ基礎研究所「内部留保がコロナ禍の防波堤に」

―感染症を想定した対応手順等の整理

　サプライチェーンをとりまとめる企業、サプライヤー個社共にいえる対策として、今後に備えて、改めて感染症を想定した対応手順を整理する必要があります。

■ [図表2-24] 感染症を想定した対応事項整理表（例）

対応項目		ステージ	ステージ0 未発生期	ステージ1 海外発生期	ステージ2 国内発生早期	ステージ3 国内感染期	ステージ4 小康期
基本方針			・計画メンテ ・計画周知	・情報収集	・感染予防対応 の本格実施	・事業継続対応 の本格実施	・対応の段階的 縮小
ⅰ.体制	組織						
	役割分担						準備 （第2波）
ⅱ.感染 予防 対応	発生前からの対応 ※発生後も継続						
	発生時の 緊急対応	職場内発生				本格 実施	
		職場外発生					
ⅲ.事業 継続 対応	業務の前倒し遂行						
	業務の絞り込み			準備			
	業務手順の変更						
	ヒトのやりくり						

（出所）MS＆ADインターリスク総研作成

　感染症リスクは、いわゆる「進行型災害」に該当するため、タイムライン防災の要領で「どのタイミングで」「誰が」「何をするか」を整理することが重要です。

　感染症リスクは、その流行度合いから「海外発生期」「国内発生早期」「国内感染期」「小康期」等に分類されるため、新型コロナウイルス感染症の経験も踏まえながら、このステージの観点から対応事項を整理するとよいでしょう（図表2-24）。

　日本においては、従来、「強毒型新型インフルエンザ（Ｈ５Ｎ１型）」のまん延が懸念されており、内閣府や厚生労働省を中心に対策が進められてきました（この強毒型新型インフルエンザに備えていた企業は、今回の新型コロナウイルス感染症でも比較的早い段階でBCP発動等の対応を行っていました）。この感染症は今回の新型コロナウイルス感染症の比ではなく、国内だけでも感染者3,200万人、死亡者最大64万人であることが想定されています。

　いずれ来るかもしれない強大な感染症リスクに備えて、今の段階から新型コロナウイルス感染症の対応経緯や、サプライチェーン上における課題を洗い出し、これらの課題の潰し込みを行うことが重要です。

✓ Checkpoint

- 新型コロナウイルス感染症を受けて、サプライチェーンを管轄する企業の多くが、自社のサプライチェーンの見直し・再構築を実施している。
- 感染症リスクへのサプライチェーン対策には、自動化・省人化・リモート化の推進や資金繰りの見直し、感染症を想定した対応手順の整理などがある。

Q15 サイバー攻撃を対象とした対策のポイントを教えてください

A 多様化するサプライチェーン上のサイバー攻撃の起点は広く拡散しており、攻撃による被害の影響は直接攻撃を受けた企業・組織にとどまらず、サプライチェーン全体にまで及ぶことがあります。大企業等と直接の取引がない中小企業であっても、サプライチェーンを通じた間接的なつながりがあるすべての企業において、サイバー攻撃等によるリスクを考慮したリスクマネジメントが求められています。

1 サプライチェーンにおけるサイバーリスク

DXの推進とコロナ禍を経たハイブリッドワークの浸透により、ビジネスのデジタル化が飛躍的に進んだ一方で、**VPN機器**やクラウドサービスをはじめとした新たなIT技術を取り込んだ結果、自組織のIT資産とリスク管理に抜け漏れが生じています。悪意をもった攻撃者はこのような隙を見逃さず、取引先やサプライヤーも含めて入念な偵察活動を行い、発見した脆弱性に応じて最も効果的な手法で攻撃するといわれています。

> **ワード解説／ VPN機器**
> Virtual Private Networkの略。インターネット上に仮想的な専用線を引いて、安全な経路を使ってデータをやり取りするために拠点に設置する機器。

サプライチェーンにおけるサイバーリスクとして、以下が挙げられます。

─データ漏えい

従来、情報漏えい事故の要因で多数を占めているのは、「紛失・置忘れ」「郵便・FAX・メールなどの誤送信」といった、偶発的な人為ミス、いわゆるヒューマンエラーによるものですが、不正アクセスなどの意図的な要因による情報漏えい事故も目立ってきています。

近年、企業・組織における情報漏えい事故に対する社会の関心や意識は非常に高くなっており、情報漏えい事故を発生させると、「事故対応に関する直接的・間接的コスト」の発生以外にも、「企業の信用の失墜」といったレピュテー

ショナル・リスクの顕在化を引き起こす可能性も考えられます。事故発生時の対応が適切に行われなかった場合は、さらなるイメージの低下につながることも想定されます。

━データ改ざん

従来は、攻撃者の主な目的が自己顕示欲を満たすことや主義主張を表明することであったため、企業のWebサイトの表示内容を改ざんするだけで、二次被害につながるような事例が見受けられることは多くはありませんでした。しかし、近年の企業・組織における情報の改ざん事故においては、営利の獲得を目的に企業が運営するWebサイトを改ざんし、マルウェアを組み込み、閲覧者のPCをマルウェアに感染させクレジットカード情報や口座情報を不正に取得するといったケースが増加しています。

営利目的のWebサイトの改ざんの被害を受けた場合、Webサイトの一時停止による営業損失が発生します。また、Webサイトの閲覧者がマルウェアに感染し、不正送金などの二次被害が起きた場合には、被害者への対応費用なども発生します。さらに、一連のサイバー攻撃による被害状況が明らかになることで、当該Webサイトの信頼性が低下し、事業に悪影響を及ぼす可能性があります。

━システム停止

システムの停止を誘発する要因はいくつか存在しますが、外部に起因するものとしてはランサムウェア感染を原因とするものが近年多く見られます。自社に起因するシステム停止としてはオペレーションミスによって引き起こされるシステムの停止が挙げられます。システム変更時の運用作業によるミス、プログラム開発時におけるコーディングミス、システム設計時における設計ミスなどが事例として挙げられます。

要因のいかんにかかわらず、システム停止の影響は様々なステークホルダーに及ぶことになり、企業・組織にその責任が問われることになります。

━サプライチェーンの中断

あらゆるものがインターネットとつながり、様々な業務システムやクラウドサービスなどのデジタル環境を介した「つながり」をもつサプライチェーンでは、サプライヤー1社がサイバー攻撃を受けて事業活動に支障が起きると、サプライチェーン全体にまで影響が波及することがあります。例えば、侵入したマルウェアがサプライチェーンのネットワークに拡散されて感染範囲が拡大したり、攻撃被害を受けた調達先の生産活動が停止して納入が止まることでサプ

ライチェーン全体の商品やサービスの供給自体が停止する、などのリスクがあります。特に、そのシステムが金融、交通、エネルギーなどの社会インフラを担うものであれば、その停止の影響は社会全体に極めて大きな損失をもたらす可能性があります。

2 サプライチェーン上で発生しているサイバー攻撃手法

悪意をもった攻撃者はセキュリティが弱い組織を「踏み台」にしてサイバー攻撃を仕掛けます。以下はサプライチェーン上で発生している主なサイバー攻撃手法です。

■ サプライヤーのVPN（仮想専用通信網）機器を通じて侵入

攻撃者はVPN機器の脆弱性を放置しているサプライヤーに侵入します。内偵活動からターゲット企業とのネットワーク上の「つながり」を発見したらターゲット企業に侵入し、本来の目的を実行します（図表2-25）。

■ [図表2-25] VPNの脆弱性を悪用した侵入手法

攻撃①	攻撃②	攻撃③
取引先企業が利用しているネットワーク情報を分析して、攻撃可能な脆弱性を特定	取引先企業が利用している、VPN機器の脆弱性を悪用して、取引先企業ネットワークに侵入	ターゲット企業に侵入し、ランサムウェア攻撃の実施 ⇒システムが稼働停止

取引先企業とターゲット企業間には、ネットワーク上のつながりが存在
⇒サプライチェーンを起点にターゲットに侵入成功

（出所）MS＆ADインターリスク総研作成

■ 取引先の事業活動を停止させる

攻撃者はサプライヤーにランサムウェア感染や**DDoS攻撃**などの事業活動を停止させる攻撃を仕掛け、連鎖的にサプライチェーン全体の事業活動を妨害・停止させます（図表2-26）。

> **ワード解説！ DDoS攻撃（分散型サービス妨害）**
> Distributed Denial of Serviceの略。webサーバなどに対して複数の機器から大量の通信を発生させる攻撃で、正常なアクセスに対する処理が遅延、あるいは応答できない状態となる。

■ [図表2-26] 取引先から連鎖的にサプライチェーン全体の事業を妨害する手法

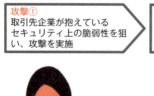

（出所）MS＆ADインターリスク総研作成

━ ソフトウェアサプライチェーン攻撃

　攻撃者は業務ソフトベンダーに侵入し、更新プログラムにマルウェアを埋め込み、マルウェアを仕込んだ更新プログラムがターゲットとするユーザー企業に到着後、攻撃を開始します。ユーザー企業は業務ソフトベンダーからの更新プログラム配信に疑いをもつことなく、攻撃はセキュリティの「境界」をすり抜けます（図表2－27）。

■ [図表2-27] ソフトウェアサプライチェーン攻撃手法

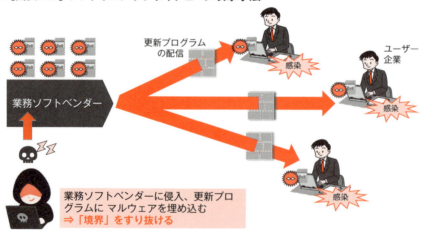

（出所）MS＆ADインターリスク総研作成

3 サプライチェーンにおけるサイバーリスク対策のポイント

サイバー攻撃は日々高度化・巧妙化しており、「100%防ぎ切る」ことは極めて困難になっています。攻撃被害にあうことを前提とした、攻撃にあっても被害を最小限に抑える対策の実装が求められます。

個々の企業においてサイバーリスク対策に取り組むにあたり、米国国立標準研究所（NIST）が公開する「Cyber Security Framework（CSF）」を参考にす

■ [図表2-28] NIST CSF2.0のコアフレームワーク図

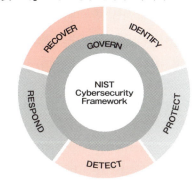

Fig.2. Framework Functions

（出所）NIST「The NIST Cybersecurity Framework 2.0」

■ [図表2-29] NISTサイバーセキュリティ・フレームワークの要約

（出所）NIST「The NIST Cybersecurity Framework 2.0」をもとにMS＆ADインターリスク総研作成

るとよいでしょう（図表２−28）。CSFはISO／IEC27001とともに世界標準のセキュリティ管理フレームワークとして普及するものです。フレームワークは「識別（Identify）」「防御（Protect）」「検知（Detect）」「対応（Respond）」「ガバナンス（Govern）」「復旧（Recover）」で構成されており、攻撃を受けた際の事後対策について実践的な要求事項が網羅されています。海外だけでなく国内でも対策の標準にCSFを採用する企業が増えています。

また、経済産業省が公開する「サイバーセキュリティ経営ガイドラインVer3.0」では、サプライチェーンセキュリティ対策の推進として以下を求めています。

①サプライチェーン全体にわたって適切なサイバーセキュリティ対策が講じられるよう、国内外の拠点、ビジネスパートナーやシステム管理の運用委託先等を含めた対策状況の把握を行わせる。
②ビジネスパートナー等との契約において、サイバーセキュリティリスクへの対応に関して担うべき役割と責任範囲を明確化するとともに、対策の導入支援や共同実施等、サプライチェーン全体での方策の実効性を高めるための適切な方策を検討させる。

さらに、インターネットに向けて弱点を晒しているIT資産を特定し、セキュリティ対策に活用する「Attack Surface Management（ASM）」という手法が注目されています。ASMとは、攻撃者の視点をもって外部（インターネット）からアクセス可能なIT資産の情報を調査し、不正侵入経路となりうるポイント（脆弱性）を継続的に検出・評価する一連のプロセスをいい、例えば、以下のようなものが発見できます。

○組織が承認していない・把握していない、自社ネットワークにつながっているIT資産
○ソフトウェアアップデートが適切に行われず脆弱性が残っているIT資産
○設定ミスなどにより、外部（インターネット）からアクセス可能な状態となっている社内システム

これらの取組みを自社だけでなくサプライチェーン全体を範囲として実施し、ASMの検出・評価結果を情報共有、検出された脆弱性対応をすることでサプライチェーン全体のセキュリティレベルの底上げが期待できます（図表２−30参照）。

Q15 サイバー攻撃を対象とした対策のポイントを教えてください

■ [図表2-30] Attack Surface Management (ASM) を活用したサプライチェーンの対話

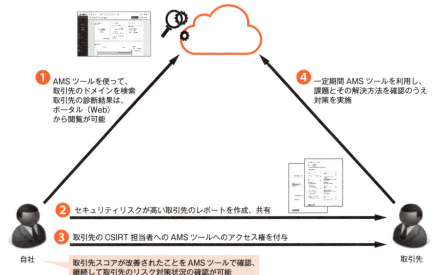

(出所) MS＆ADインターリスク総研作成

他にも、以下の取組みが有効とされています。

○サプライチェーン内で扱う情報の機密性や重要性のランク別に実施すべき対策を定め、過剰な対策や対策の形骸化が生じないようにする。

○契約書においてサイバーセキュリティ対策の責任主体を明確化するなどの工夫により、各社が自ら担うべき役割を理解し、対策漏れが生じないようにする。

○他社から業務委託等を請ける場合には、契約時に委託元と合意した情報の取扱いなどのセキュリティ関連の要求事項を遵守する。

○サプライチェーン上での対策の底上げの手段として、「サイバーセキュリティお助け隊」等の中小企業向け施策を活用する。

○緊急時に備え、委託先に起因する被害に対する補償手段の確保として、委託先に対してサイバー保険への加入を推奨する。

✅ Checkpoint

- サイバー攻撃による被害の影響は、直接攻撃を受けた企業・組織にとどまらず、サプライチェーン全体にまで及ぶことがある。
- サイバー攻撃は日々高度化・巧妙化しており、攻撃被害にあうことを前提とした、攻撃にあっても被害を最小限に抑える対策の実装が求められる。

Q16 地政学リスクを対象とした対策のポイントを教えてください

A 企業経営者の関心が高まっている地政学リスクは、国家間の相互依存関係が深まっている現代のサプライチェーンにおいて留意すべき重大なリスクですが、その不確実性から、万全な準備・対策を行うことは非常に難しいリスクといえます。リスクの絞り込みを行ったうえでサプライチェーンの見直し・再構築を検討することと並行して、平時の段階より地政学リスクに関する情報（各国の動き等）を収集・分析する体制を構築することが、効果的なアプローチといえます。

1 サプライチェーン上の地政学リスク

地政学リスクとは、紛争など特定地域が抱える政治的・軍事的・社会的な緊張や対立の高まりが、地理的な位置関係により、周辺地域や世界経済の先行きを不透明にするリスクであるといわれています。

米中摩擦やロシアによるウクライナ侵攻、台湾有事懸念、イスラエルとパレスチナの紛争等、昨今、「地政学リスク」に関連する事案が多く発生しており、多くの企業がその対応に直面しています。

そして、この地政学リスクは、サプライチェーン上にも大きな脅威をもたらしています。経済や事業活動のグローバル化とともに、サプライチェーンも企業間同士だけではなく、国家間での相互依存関係が深まっているため、国家間摩擦や紛争といった地政学リスクが顕在化すると、たちまちサプライチェーンが寸断してしまうおそれがあります。

この中でも、特に日本企業においては、中国やロシアの動きを「サプライチェーン上のリスク」としてとらえており、こうした国家の動きがサプライチェーンのあり方を左右している状況といえます。

Q16 地政学リスクを対象とした対策のポイントを教えてください

■［図表2-31］地政学リスク顕在化に伴う影響（例）

ロシアによるウクライナ侵攻	●ロシア拠点／ウクライナ拠点を中心とした従業員の退避、事業停止・撤退等 ●調達先・物流ルートの変更、およびそれに伴うコスト増 ●エネルギー価格の上昇に伴うコスト増
西側諸国によるデリスキング（リスク低減）政策	●米国による対中半導体輸出規制をはじめとした、輸出入・投資制限や関税引き上げ等に伴うサプライチェーンの再構築
中国による外資系企業への各種規制	●上記西側諸国の動きに対する報復措置、および自国経済の産業政策強化等　→　中国でのサプライチェーン構築継続の困難さが露呈
台湾情勢	●電子部品供給に関して台湾に大きく依存しているため、実際に侵攻が行われた（またはその懸念が高まった）場合はそれらが途絶する可能性がある ●中国によるサイバー攻撃等の増加／グレーゾーン（平時と有事の中間にある状態）による攻撃の増加
イスラエルとパレスチナ間の紛争	●物流ルートの不安定化 ●物流リードタイム延長や物流費高騰 ●オイルショックの可能性
北朝鮮情勢	●政治的不安定化や軍事的挑発等による日・米・韓を中心としたサプライチェーンの混乱
その他	●重要鉱物の争奪戦と資源保有国の政策 ●米国大統領選挙等を踏まえた国際情勢の変化（"もしトラ"） ●AIをはじめとしたエマージングテクノロジーのルール規制に関する米欧中のルールメイキング競争

（出所）三菱UFJリサーチ＆コンサルティング㈱「地政学リスクの全体像の整理」、PwCコンサルティング㈱「2024年地政学リスク展望」等をもとに、MS&ADインターリスク総研にて作成

■［図表2-32］サプライチェーンリスクが高まった国・地域

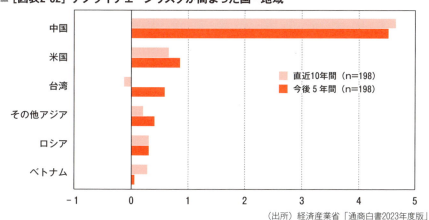

（出所）経済産業省「通商白書2023年度版」

■ [図表2-33] サプライチェーン上のリスク

直近10年 (n=167) 今後5年 (n=169)		地政学的リスク	環境リスク	経済安全保障上のリスク	マクロ経済リスク	サプライチェーンリスク	人権問題リスク	金融リスク
中国	直近10年	53.4%	45.0%	48.9%	27.9%	27.9%	16.5%	5.6%
	今後5年	69.5%	22.6%	61.6%	28.7%	17.4%	22.1%	7.6%
米国	直近10年	26.3%	31.6%	31.6%	35.5%	36.8%	0.0%	1.3%
	今後5年	37.3%	18.7%	49.3%	45.3%	25.3%	2.7%	0.0%
台湾	直近10年	54.2%	25.0%	45.8%	25.0%	8.3%	4.2%	8.3%
	今後5年	78.0%	2.0%	62.0%	12.0%	0.0%	0.0%	0.0%
その他アジア	直近10年	34.8%	58.7%	13.0%	34.8%	23.9%	6.5%	13.0%
	今後5年	34.7%	49.0%	36.7%	38.8%	20.4%	12.2%	8.2%
ロシア	直近10年	94.2%	3.8%	32.7%	5.8%	11.5%	15.4%	11.5%
	今後5年	98.1%	0.0%	40.4%	25.0%	30.8%	30.8%	26.9%
ベトナム	直近10年	18.4%	55.1%	6.1%	28.6%	14.3%	0.0%	10.2%
	今後5年	28.6%	34.3%	11.4%	51.4%	0.0%	5.7%	0.0%

（出所）経済産業省「通商白書2023年度版」

　地政学リスクの特徴は、何といってもその「不確実性」にあります。そしてこの「不確実性」が、企業における対応をより困難なものにしています。

　地政学リスクは、前述のとおり、特定の地域や国家間の政治的・軍事的・社会的な緊張等に起因するリスクであり、またこうした地域・国家間の動きや考えは、表に出てくる情報（≒私たちが入手できる情報）だけで成り立っているわけではなく、高度な政治判断のもと、私たちの見えない所でも刻一刻と変化していることから、一企業で把握できる情報だけではリスクシナリオを的確に分析することはおおよそ不可能であるといえます。

　また、地政学リスクについては、単純な直接的影響（戦争勃発による拠点被害、貿易規制による部品途絶等）だけではなく、リスクの顕在化による様々な影響（各国の動き、経済の動き、金融の動き等）も想定する必要がありますが、

これらも一企業だけでは評価することが難しいといえます（また、そうした副次的な影響も、どこかの国が動けば、別の方向に動きが変わるという非常に流動的なものとなるでしょう）。

2 地政学リスクへの対策

それでは、こうした不確実性の高い地政学リスクに対して、企業はどのように対策を進めていくべきなのでしょうか。ここでは、少しでも地政学リスクがマネジメントしやすくなるような対策をいくつかご紹介します。

― リスク事案への優先順位を付ける

一口に地政学リスクといってもその事案は多岐にわたります。これらについて、（専門の管理部門がある場合は別として）すべてを網羅して管理することはおおよそ不可能であることから、自社のサプライチェーン（特に自社BCPにおける優先事業のサプライチェーン）に特に影響のある事案に絞って、対策を検討するほうが得策といえます（国ベースで優先順位を付ける、という考え方もよいでしょう）。

■ [図表2-34] 地政学リスクが原因による悪影響または損失に対する会社としての対応

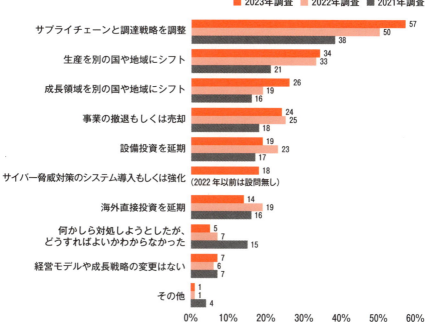

（出所）PwCコンサルティング㈱「企業の地政学リスク対応実態調査2023」

■ **[図表2-35] 地政学リスクに対する製造業A社のサプライチェーン方針（例）**

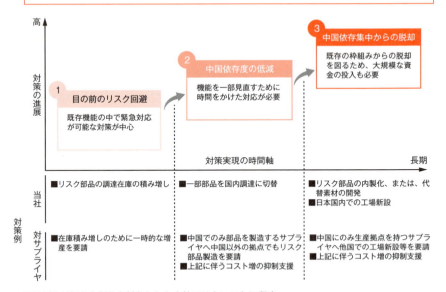

＊同社が取り扱う全製品を対象とした方針ではないことに留意
（出所）三菱UFJリサーチ＆コンサルティング㈱「中国地政学リスクに対するサプライチェーン強靭化の重要性」

― **サプライチェーンの見直し・再構築（代替・分散・内製化等）を視野に検討する**

　感染症と同じく、影響が広範囲にわたり、また不確実性が高いことから、根本的なサプライチェーンの見直し・再構築（上記「リスク事案への優先順位を付ける」で検討したリスク事案の影響が最小化できるように組み直す）が効果的といえます。また、地政学リスクにおけるこうした取組みは、急進的に進めようとせずに、スモールスタートで順を追って進めていくことが望ましいでしょう。

― **インテリジェンス機能を設置する**

　不確実性の高い地政学リスクにおいては、「迅速な情報把握」が特に重要な対策事項になります。☞Q12参照

　そのためにも、上記「リスク事案への優先順位を付ける」で定めた事案に関する各国の動き等、あらゆる情報を集めて、分析し、モニタリングするインテリジェンス機能を企業内にもたせることが望ましいといえます（真偽混合の情報の中から真に必要な情報を分析し、モニタリングするという意味合いから、単に情報収集機能ではなく「インテリジェンス機能」と表現しています）。

Q16 地政学リスクを対象とした対策のポイントを教えてください

■ [図表2-36] 地政学リスクに対する情報収集・モニタリングの対応状況

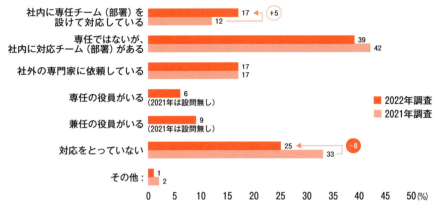

（出所）PwCコンサルティング㈱「企業の地政学リスク対応実態調査2022」

　そこまでの機能をもたせることは難しくとも、平時の段階から関連する情報を収集・モニタリングして、自社のサプライチェーンへの影響を分析し、定期的に経営層に報告する（不確実性が高いリスクゆえ、最終判断を経営層に仰ぐ）、等の体制を構築することが推奨されます。

✅ Checkpoint

- 国家間摩擦や紛争といった地政学リスクが顕在化すると、サプライチェーンが寸断してしまうおそれがある。
- 不確実性の高い地政学リスク対策においては、迅速な情報把握が重要であり、リスク事案への優先順位を付けた事案に関する各国の動きなどを分析することが望ましい。

Q17 サプライチェーンの途絶に備えた優良取組事例にはどのようなものがありますか？

A レジリエントなサプライチェーン構築に関する優良取組みとして、大手自動車メーカーA社と大手機械メーカーB社が、いずれもサプライヤーと密接に連携を取りながら、レジリエンスを高めており、解説でその事例を紹介します。

1 大手自動車メーカーA社の事例

A社は、サプライチェーンの途絶に備えた優良取組み、すなわちレジリエントなサプライチェーンを構築している企業として真っ先に挙げられるほどです。

■ サプライチェーンのリスク把握と潰し込み

A社では、平常時より「サプライチェーン調査」と「リスク品目の抽出〜事前の対策実行」を実施しており、有事の際の被災候補サプライヤーの即時リストアップ、対策の早期実施を可能としています。

具体的には、品目別サプライチェーンツリー情報、各会社・拠点詳細情報を収集。また、リスク品目として、1拠点生産品目や特殊仕様／工程／材料を使用する品目等を抽出し、対策を立案・実行しています（恒久的対策として①拠点分散、②現拠点での減災強化、③汎用化・規格化、④在庫積み上げ（一部品目のみ）の順で検討）。

サプライチェーン情報については、機微な情報が含まれる場合もあるものの、過去から培ってきた相互の信頼関係、ならびに情報利用目的を「災害発生時」と「災害に備えた事前対策」のみに限定するとして、情報提供を受けることが可能になっています。

※これらはサプライチェーン情報と地理リスク情報をWEB上でデータベース化。数は正式発表されていませんが、日本経済新聞の記事（2015年3月9日付）では、「約4,000品目の部品について、関係のある1次や2次だけでなく、同社本体はほとんど情報を持っていなかった10次以降までの取引先の協力を得て生産場所や緊急連絡先をデータベース化した。対象は約1万3,000社、約3万拠点に及ぶ」とされています。

Q17 サプライチェーンの途絶に備えた優良取組事例にはどのようなものがありますか?

■ [図表2-37] サプライチェーン情報データベースによる情報共有の概要

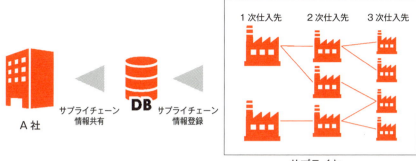

（出所）内閣官房国土強靱化推進室「国土強靱化　民間の取組事例集（平成29年4月）」をもとに、MS&ADインターリスク総研にて作成

■ [図表2-38] リスク品目抽出の概要

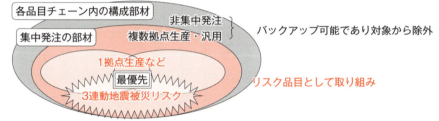

（出所）内閣官房国土強靱化推進室「国土強靱化　民間の取組事例集（平成29年4月）」

— 迅速な情報把握

　有事の際は、上述したサプライチェーン情報管理データベースを活用して、部品の流れを早急に把握し、即時に代替調達・生産の要否等の検討に着手します（2020年2～6月の新型コロナ禍で世界各地の生産拠点の稼働が停止した際は、およそ半日程度でサプライチェーンの状況把握が完了したため、素早い回復を果たしました）。

　※データベースの利用だけではなく、対策本部会議室では大きな地図の上に部品供給が途絶、または途絶見込みのあるサプライヤーの情報を貼り付け（加えて、ホワイトボードで「復旧完了」や「代替発注」等の対応結果を記載）、情報の一元化・見える化を実現しています。

— 復旧支援

　また、A社では復旧支援の取組みも非常に進んでいます。

① 新潟県中越沖地震（2007年）

A社だけで約400人の支援スタッフを現地に送り、被災サプライヤー、および周辺工場の復旧支援にあたる。

② 熊本地震（2016年）

熊本に拠点を置くサプライヤーが被災して生産停止したため、災害直後から現地に支援部隊を送り、4月26日までに延べ約170人の支援スタッフが現地の復旧活動にあたる。なお、被災地での対応事項としては、単にサプライヤーの設備・機械の復旧だけではなく、物資の支援も含まれる。

2 大手機械メーカーB社の事例

続いて、サプライヤーのBCP等策定を強く推進している大手機械メーカーB社の取組みです。

─サプライヤーのBCP等策定支援

B社では、社会的責任を果たしていくため、サプライヤーと一体でサプライチェーンの強靱化を図る必要があると考え、各事業部の調達部門を通じて、啓発セミナーからBCP等策定方法の伝授、個別サポートまでを網羅して、サプライヤー各社のBCP構築のサポートを進めています（図表2－39）。

なお、BCP構築のためのツールとして、事業継続力強化計画認定制度の活用を推奨しているほか、BCP構築の目安としてレジリエンス認証を一定のゴールとして支援を進めています。☞Q29参照

ちなみに、B社グループのサプライヤー向けレジリエンス認証取得支援実績（累計）は、2022年の取得支援社数は30社、取得社数は24社、2023年（計画）

[図表2-39] B社におけるサプライヤーBCPの展開

BCP 啓発
①概要
地方自治体と連携して開催する、BCPの周知、啓発のためのセミナー

②目的／実績
BCPの必要性に気づく
■受講実績
　大阪 30 社　神戸 60 社
　岐阜 20 社　岩国 40 社
　東京 20 社　計 170 社

BCP 実践
①概要
少数のサプライヤー企業に向けたより実践的な BCP 講座

②目的／実績
BCP 策定方法の伝授
■受講実績
　約 200 社
　（2018、2019 年）

個別サポート
①概要
BCP 策定に向けた
実効性評価を含む個別サポート

②目的／実績
BCP の活動支援
■BCP 策定：約 50 社完了
■認証チャレンジ：企業 5 社完了、20 社取得支援中
■支援人財（BCP バイヤー）養成

（出所）気候変動適応情報プラットフォームHPより

の取得支援社数は40社、取得社数は30社です。

自社調達部門の人財育成

加えて、B社では、サプライヤーのBCP支援をより加速させるために、調達部門を対象にBCPを支援する独自の人財（これを、B社では「BCPバイヤー」と呼んでいます）育成にも着手しています。

このように、サプライヤー向けの研修等と自社のBCP指導人財育成を両輪で回し、サプライヤーと協働しながらレジリエントなサプライチェーンを構築しているのが、B社の特徴です。

✅ Checkpoint

- 大手自動車メーカーA社のように、サプライチェーン情報管理データベースを活用して状況把握に努め、素早い復旧を果たした、といった優良事例がある。

- 大手機械メーカーB社のように、サプライヤーのBCP支援をより加速するために、調達部門を対象にBCPを支援する独自の人財育成に着手している、といった優良事例がある。

Q18 昨今のレジリエンスに関わるトピックスにはどのようなものがありますか？

A 経済のグローバル化に伴い、部品の共通化による大量調達が進む一方で、ひとたび当該部品で不具合が発覚すれば、世界各地で製品事故が発生したり、大規模リコールに至るケースが発生しています。例えば、スマートフォンのバッテリーの異常発熱により、全世界を対象にリコールを実施した事案では、対象製品の航空機への持ち込みが禁止されたこともあり、記憶に新しいところです。このように、より安全で、しかるべき品質の部材を調達していくことは、サプライチェーンのグローバル化・複雑化が進行するなかで、ますます重要な課題となってきています。当該課題の中でも、特に昨今注目されるトピックスの一つとして、サイレントチェンジの問題があります。

1 リスクの概要

ーサイレントチェンジとは

　サイレントチェンジとは、サプライチェーンの上流に位置する主に海外の部材メーカーが、コスト削減等の事由により、発注元の企業に知らせずに、部品の素材等の仕様を変更し、納品してしまうという事象です。サイレントチェンジが行われた部品を組み込んだ製品は、製品劣化が著しく早かったり、期待された性能が発揮されないといった問題が生じたりします。場合によっては、製品の故障や製品事故を発生させる原因となることもあります。これらは部材メーカーからの納品時に発見することは難しく、完成品が市場に流通して以降に、問題が明らかになることが少なくありません。また、対象の部材が、特定の完成品だけでなく、様々な完成品に使用されていることもあり、複数の完成品メーカーによる大規模リコールに発展することもあります。

　製品の使用部材のサプライチェーンがグローバル化・複雑化しているなかで生じている現象ですが、抜本的な解決策は見出せていないのが現状で、サプライチェーンの下流の企業（完成品メーカーだけでなく、一次サプライヤーや二次サプライヤー等）において留意すべきリスクの一つとなっています。

〈実際にあったサイレントチェンジの例〉
【事例①】　ACアダプターの絶縁部の難燃剤として耐水加工していない赤リンが使われたため、経過とともに、絶縁性能が劣化し、ショートに至り、発煙・発火
【事例②】　靴底のゴムの代わりに塩化ビニル樹脂に変更されたため、摩擦力がほとんどなく、滑りやすい状態に至り、転倒しケガ

■発生要因

　サイレントチェンジが発生する要因としてはいくつか指摘されています。サプライチェーンの上流に位置する部材メーカーサイドの要因としては、以下があります。

- 自社の利益確保
- 取引先からのコスト削減の圧力
- 取引先からの指示・禁止されていない事項であれば問題ない（契約条件に記載されていない事項は何をやってもよい）という価値観や認識
- ある地域の規制への対応要求（RoHS指令）により代替品に変えたところ、新たなリスクとして顕在化☞Q6を参照

　一方、サプライチェーンの下流に位置する完成品メーカーやサプライヤー等サイドの要因としては、以下があります。

- サプライチェーンの上流の部材メーカーまで捕捉しきれてなく、また、選定にあたってのリスクアセスメントが十分にできていない
- 部材変更に伴うリスクを十分に把握してなく、具体的な指示・禁止事項を示すことができていない

2　考えうる対策

　サイレントチェンジ対策として、サプライチェーンの下流に位置する完成品メーカーやサプライヤーが一体となって対策を講じる必要があります。なぜならば、問題を生じさせている部材メーカーはサプライチェーンの上流に位置しており、契約関係にない下流の完成品メーカー等が当該企業に対して直接要請することは困難だからです。そこで、サプライチェーンの下流から一つずつ相対する取引先に対してさかのぼりながら、次に示す対策を講じていくことが考えられます。

■**重要部品と信頼できるサプライヤーの特定**

製品安全、品質確保の観点からの重要部品を特定し、当該部品（含むそれに使用される素材）のサプライチェーンは信頼できるサプライヤーのみで構成されるようにします。

■**検査の強化**

サイレントチェンジの生じやすい、または生じうる箇所を特定し、検査のポイントに設定します。検査方法としては、取引先（含むその上流の部材メーカー）からの使用素材のデータの提供等があります。

■**モニタリングの強化**

部材の変更だけでなく、工程変更（省略）、作業員の変更、検査手法の変更（省略）等も取引先に黙って行えば、サイレントチェンジといえます。4M（Man、Machine、Method、Material）変更点管理を徹底し、小さな変化（工程のちょっとした省略、作業員の一定規模数の退職、定着率の推移等）も見逃さないようにします。

■**契約内容の強化**

契約内容に上記検査やモニタリングの要素を盛り込むとともに、指示事項・禁止事項、取引停止基準の明確化を図ります。また、それらに違反した場合における責任についても厳格に規定します。

■**現地での継続的な啓発活動**

日本企業としかるべきビジネス関係を構築したいと考えている海外の企業においては、短期的な利益よりも、中長期的な視点に立って、信頼を勝ち取ろうとする価値観を有しているといわれています。海外での取引先を集めた勉強会等を実施し、サイレントチェンジの問題についての啓発を継続的に図り、そういった問題を発生させない価値観を醸成していくことは効果的といえます。

3 押さえておきたいリスクのポイント

サイレントチェンジを原因にした製品事故や製品不具合が生じた場合、製品回収等のリコールが実施されるケースがほとんどです。そのとき、リコール実施主体においては、その広告費、人件費、回収費用等のリコールに係る費用が発生しますが、市場に流通してから一定期間経ってから製品事故等が発生すること、サイレントチェンジが見過ごされ続けていたことから、対象ロットの範囲が広くなりやすく、リコール費用が拡大し、ときに十億円を超える場合があ

ります。

　このリコール費用に関しては、リコール実施主体の企業は加入している生産物回収費用保険（リコール保険）や自社の内部留保等で対応するのが一般的です。ただ、リコール実施主体もいわばサイレントチェンジの被害者でもあり、一次的には当該リコール費用を負担するものの、かかったリコール費用に関しては、上流のサプライヤーに対して、求償していくことになります。

　しかし、サイレントチェンジを行った海外企業を特定できない、特定できたとしても求償しうる資金的体力がない、サプライチェーンの上流の企業がリコール費用の求償を拒絶するなどで、サプライチェーンの下流のメーカー等が求償を諦めざるを得ないケースが少なくないといわれています。

　これはサイレントチェンジの問題に限った話ではなく、グローバルで部材を調達しているなかで、当該部材に不具合があり、リコールを実施した場合に同様の問題が起きています。本来的には、サプライチェーンの各当事者間で責任分担を明らかにし、契約に落とし込んでいくことが望ましいですが、それを実現するには、ビジネス的には難しい側面も否定できません。また、仮に取引先に対して求償できるとしても、一定の時間を要するので、求償を求める企業においては、一時的に一定額の損失が発生します。そこで、当該事象の発生を見据えて、サプライチェーンの下流に位置するメーカー等は保険の手配や十分な資金的な手当てを計画的に準備しておくことが必要になるといえます。

✓ Checkpoint

- サプライチェーンの下流企業において留意すべきリスクの一つに、サイレントチェンジがある。
- サイレントチェンジとは、サプライチェーンの上流に位置する部品メーカーがコスト削減等の事由により、部品の素材等の使用を変更し納品してしまう事象のことをいう。
- サプライチェーンの下流に位置するメーカー等は、保険の手配や十分な資金手当てをするなどの準備が必要になる。

コラム サプライヤーの「内的要因リスク」によるサプライチェーン途絶

　PART 2 では、主にサプライヤーやサプライチェーン内の「外的な要因リスク」に焦点を当てて解説しましたが、サプライヤー側の「内的な要因リスク」の顕在化により、サプライチェーンが途絶することも考慮しなければなりません。

　その最たる例が、「サプライヤーの倒産リスク」です。これには、資金繰りの悪化等の財務リスクに起因するものもあれば、後継者や十分な人材が確保できない等の人材リスクによる倒産も想定されます。サプライヤー側としては日頃から気にかけているリスクですが、サプライチェーンを取りまとめる企業側としても、定期的にサプライヤーの財務状況や人材状況をモニタリングする必要があります。また、特定のサプライヤーに依存しないように複線化（Q12参照）したり、サプライヤーのキャッシュフロー改善につながる取引条件の見直し、法的・財務的対策も検討したりします。

　また、「サプライヤー側の品質不正リスク／労働安全リスク」等により、製造が一定期間ストップすることも想定されます。これらについても、定期的なモニタリング、複線化等が重要となるほか、サプライヤー側に対して過度な納期や生産目標のプレッシャーを緩和させること等が重要となります。

　「サプライヤーの生産キャパシティがオーバーするリスク」もあります。サプライヤー側がフル回転で稼働している場合、納品先側からの急な需要変動に対応しきれない場合があります。これらはサプライヤー側がテクノロジーも活用しながら需要予測の精度向上や需要管理、生産ラインの改善や自動化等を進めつつ、サプライチェーン全体として効率的な流れを確保し、適正化することが求められます。

　いずれにしても、日頃からサプライヤーとの密接なコミュニケーションを図り、経営状況や課題を把握し、必要に応じて経営支援や技術協力を図ることで、サプライヤーの経営基盤を強化していくことが必要です。

PART 3

サステナブルなサプライチェーンを目指そう

Q19 サステナブル調達とは何ですか?

A サステナブル調達（持続可能な調達）のISO規格であるISO20400：2017によれば、サステナブル調達とは「製品・サービスのライフサイクルにわたり、社会的、経済的および環境的に最大の利益をもたらす調達」と定義されています。言い換えれば、企業が製品・サービスを調達する際に、従来の品質、価格、納期（QCD：Quality（品質）、Cost（コスト）、Delivery（納期））だけでなく、サプライチェーンにおけるESG（Environment（環境）、Social（社会）、Governance（ガバナンス））の側面も含めて最善な調達を行うことです。サステナブル調達と近い意味合いで、「CSR(Corporate Social Responsibility：企業の社会的責任）調達」「責任ある調達」という表現が用いられることもあります。

1 サステナブル調達で考慮される課題例

サプライチェーンにおけるサステナビリティ課題には様々なものがありますが、図表3-1に代表例を示します。

■ **[図表3-1] サプライチェーンにおけるサステナビリティ課題の例**

	社　　会	環　　境	ガバナンス
課題	・強制労働の排除 ・児童労働の排除 ・長時間労働の排除 ・違法な賃金の排除 ・非人道的な扱いの排除 ・差別の禁止 ・従業員団結権の確保（結社の自由） ・職場の安全および衛生環境の整備 ・先住民・地域コミュニティ(IPLC)の権利尊重 ・非人道的な武装勢力への資金源の排除　など	・汚染防止 ・有害物質の管理 ・排水等の廃棄物の管理 ・大気汚染物質の管理 ・製品含有物質の管理 ・生物多様性への配慮（森林破壊など） ・温室効果ガス（GHG）排出削減 ・省資源（水資源、その他資源）など	・非倫理的な事業活動の排除 ・汚職、賄賂の禁止 ・優越的地位の濫用禁止 ・不適切な利益供与および受領の禁止 ・競争制限的行為の禁止 ・正確な製品・サービス情報の提供　など

（出所）グローバル・コンパクト・ネットワーク・ジャパン「CSR調達入門書」(2017)をもとに、IPLCの権利、非人道的な武装勢力の資金源の排除、GHG排出削減、省資源をMS＆ADインターリスク総研が加筆

例えば、ある企業が非常に安価な原材料を調達していて、そのサプライチェーン上流で不当に安い賃金で働かせられている工程があったとします。これはその企業にとって経済的に最大の利益をもたらしているかもしれませんが、ISO20400のサステナブル調達の定義を踏まえるならば、(サプライチェーン上流の労働者も含む)「ライフサイクルにわたり経済的に最大の利益をもたらしている」とはいえません。また、グローバルにサプライチェーンが拡大している現代において、主に途上国で頻発する人権等の問題も自社にとって無関係ではありません。

2 企業の対応策

一定規模以上の企業の多くはサステナブル調達を実現するために、その基準となる「サステナブル調達ガイドライン」を策定し、サプライヤーにその遵守を求めています。☞Q22で詳説

また、企業によって程度の差こそありますが、企業はガイドラインの実効性を高めるために、サプライヤー選定・評価基準への反映、サプライヤーへの質問状の送付や監査、サプライヤーとその従業員の通報窓口の整備、サステナブル認証製品の優先的な調達などの施策を展開しています。

また、特に1次、2次サプライヤーよりも上流の工程で重大なサステナビリティ課題があると考えられる場合、さらに上流までのトレーサビリティを強化して、それら課題の特定、防止、軽減を図ることが必要です。

✓ Checkpoint

- サステナブル調達は、「製品・サービスのライフサイクルにわたり、社会的、経済的および環境的に最大の利益をもたらす調達」といわれている。
- 一定規模以上の企業の多くは、基準となるサステナブル調達ガイドラインを策定し、サプライヤーにその遵守を求めている。

Q20 サステナブル調達が求められるようになった背景はどのようなことですか？

A 消費者が環境に配慮した商品・サービスを選定して購入するグリーン購入・調達に端を発して、人権などの社会的側面も加わったサステナブル調達が普及していきました。当初、企業がサステナブル調達に取り組む動機は、主に「企業の社会的責任（CSR）」の観点に基づいていました。しかし、サプライチェーンの環境・社会影響に関する各種規制や規範が整備され、投資家や市民社会からの監視が厳しくなるにつれて、サステナブル調達の不備が企業の経営リスクとして顕在化するようになり、今ではリスク管理として必須の取組みになっています。

1 端緒としてのグリーン調達

1980年代に英国で始まった、消費者が環境に配慮した商品・サービスを購入する「グリーン・コンシューマー運動」に端を発して、日本でも1990年代から2000年代初頭にかけて多くの自治体や企業がグリーン調達を相次いで開始しました。2000年に制定されたグリーン購入法では、国の機関はグリーン調達が義務化（自治体は努力義務）され、企業や国民についても一般的な責務とされました。

2 サプライチェーンにおける環境問題

サプライチェーンの環境・社会影響に関する各種規制や規範も順次、整備と強化が進められています。例えば、2000年代にEUで、製品が含有する有害物質や化学物質の厳格な規制（RoHS指令、**REACH規則**）が導入され、EU域内に対象製品を輸出する企業は、サプライヤーと連携して含有物質の詳細な把握をする必要に迫られました。

> **ワード解説！ REACH規則**
> 2007年に施行された化学物質の総合的な登録、評価、認可および制限に関するEU規則。

また、NGOの取組みなどにより、1次や2次サプライヤーだけでなく、農

園などのサプライチェーン最上流の環境課題にも注意が向けられるようになりました。典型的な例として食品、洗剤、化学品などの様々な用途で用いられているパーム油があります。2000年代中盤までは、天然の植物性油脂であるパーム油を原料とした洗剤は、「地球にやさしい」というキャッチフレーズで販売されていました。しかし、パーム油を生産するパームヤシ農園の乱開発が東南アジアの急激な熱帯林減少の主要因の一つであることから、日本のメーカーはNGOやメディアの批判を浴びました。さらにはグローバル大手食品メーカーのパーム油を使用した菓子製品が不買運動に直面した事案や、世界的な大手パーム油生産者の環境破壊および人権侵害が明らかになり多数のユーザー企業が取引を停止した事案なども発生しました。

一方で並行して、企業がパーム油のトレーサビリティやサステナブル認証製品の調達などに注力するようになりました。またEUは森林破壊防止規則を2023年に導入し、パーム油などの7品目について森林破壊や人権侵害に関与する製品を市場から排除する意向です。このような動きはパーム油に限らず、様々な農産品、水産品でも起こっています。☞Q21参照

3 サプライチェーンにおける社会問題

社会的側面に関しても、サプライチェーンにおける児童労働、強制労働、先住民・地域コミュニティ（IPLC：Indigenous Peoples and Local Communities）の権利侵害などの問題が多発しています。古くは1990年代にグローバル大手のフットウェアメーカーの製造委託先で、児童労働や劣悪な環境での低賃金・長時間労働が起きていることが批判され、不買運動に発展しました。

一方、米国国務省の2022年版「人身売買報告書」では、日本の外国人技能実習制度において強制労働が発生していると非難しており、日本国内のサプライヤーであってもひとごとではありません。

2011年に国連人権理事会で採択された「ビジネスと人権指導原則」では、企業が直接操業だけでなくサプライチェーンを含めて人権リスクを評価し、問題がある場合は是正処置をとること（デューデリジェンス：Due Diligence：適正評価手続き）を求めています。海外では児童労働や強制労働などに対する人権デューデリジェンスを法律で義務付ける国も増えており、大手企業を中心にサプライヤーの人権リスク管理を強化しています。

■ [図表3-2] 顕在化したサプライチェーンの環境・社会問題の例

	分野	社会課題	主な事例　①サプライチェーンにおける事象、②社会の反応・処罰等、③ビジネスへの影響
1	玩具 衣料	人権・労働	①ホンジュラス・グアテマラで児童労働をさせ、中国・ニカラグアでは劣悪な環境や労働条件での酷使などを行った。②マスコミから糾弾され、不買運動が起きた。③売上高が減少した。
2	靴	人権・労働	①ベトナム工場で児童労働をさせ、劣悪な環境や労働条件で酷使した。②マスコミから糾弾され、不買運動が起きた。③売上が減少し、株価が下落した。
3	電子機器	人権・労働	①中国工場で児童労働などをさせた。②NGO・マスコミなどから糾弾された。③サプライヤーリストの全公開など企業機密の開示を迫られた。
4	衣料	人権・労働	①バングラディッシュの縫製工場で違法建築ビルが崩壊し、劣悪な労働環境下で強制労働を強いられていた労働者1,000人超が犠牲となった。②NGOから糾弾された。
5	衣料	人権・労働	①日本の工場で外国人技能実習生を月400時間以上、残業200時間超働かせて休みはひと月2～3日。手取賃金は１万円だった（時給換算「25円」以下）。②実習生は社長らを相手に賃金支払いを求め提訴した。
6	食品	人権・労働	①タイのエビ養殖会社で使用されている飼料が、移民を漁船で奴隷労働させて採った小魚を原料としていることが判明。②NGO・マスコミなどから糾弾された。③大手の食品小売各社が取引を停止。
7	建設用木材	環境	①豪州産木材（認証材）伐採により自然を破壊し、原住民の生活圏を侵害した。②日本製品の不買運動に発展した。
8	食品	環境	①インドネシアで生産されるパーム油が、保護された自然林を違法伐採して造成されたプランテーションより供給されていた。②当該企業製品の不買運動に発展した。③売上高が減少した。
9	製紙	環境	①インドネシアに本拠地を置く総合製紙企業が、インドネシアだけでなくカンボジア、中国等他のアジア諸国でも違法伐採を実施した。②NGO、NPOが再三にわたり糾弾した。③供給先からの取引中止により売上高が減少した。
10	薬品	腐敗	①中国での販売拡大を行うため、イギリスの製薬会社が病院の医者や政府関係者などに約500億円相当の賄賂を贈った。②地裁から約500億円の罰金刑を受けた。③売上高が６割減少した。

（出所）グローバル・コンパクト・ネットワーク・ジャパン「CSR調達入門書改訂版」(2018) より抜粋、事例６をMS＆ADインターリスク総研が加筆

4　紛争鉱物、ウイグル問題

　紛争鉱物については、欧米で特に厳しい規制が設けられています。2010年に成立した米国のドッド・フランク法では、コンゴ民主共和国（DRC）とその周辺国で採掘される鉱物資源（３TG：タンタル、スズ、タングステン、金）が非人道的な武装勢力の資金源になっていることから、米国上場の製造業はこ

れら「紛争鉱物」の原産国調査やデューデリジェンスを実施することが義務付けられています。また、2021年に施行されたEU紛争鉱物規則では、対象リスクが武装勢力の資金源かどうかだけでなく児童労働を含む人権侵害全般に拡大され、対象地域もDRCとその周辺に限定せずに他の紛争地域および高リスク地域に拡大されました。

　また、中国の新疆ウイグル自治区で少数民族の強制労働が疑われる問題で、米国は2022年にウイグル強制労働防止法（UFLPA）を施行しました。同自治区での強制労働に関与の疑いがある企業などを「エンティティー・リスト」に掲載し、米国への輸入を禁止しており、同自治区内で生産された製品のほか、リスト掲載の企業などが生産に関与した製品も対象になります。この法律により、米国向けの太陽光パネルが大量に輸入差止めとなり、米国の太陽光発電産業に大きな影響が生じる事態となりました。

5　サプライチェーンを含むGHG削減の要求

　温室効果ガス（GHG）排出についても、サプライチェーンの管理が厳しくなっています。2017年に公表された**TCFD**提言では、GHG排出削減目標の設定や、サプライチェーンでの排出を含む企業の間接的なGHG排出量（**スコープ3**）の開示を求めています。日本では「コーポレートガバナンス・コード」で、東

■ [図表3-3] サプライチェーン排出量におけるスコープ1、2、3のイメージ

Scope3
Scope1、Scope2以外の間接排出
（事業者の活動に関連する他社の排出）

※○の数字はScope3のカテゴリ

Scope1
事業者自らによる温室効果ガスの直接排出（燃料の燃焼、工業プロセス）

Scope2
他社から供給された電気、熱・蒸気の使用に伴う間接排出

Scope3
Scope1、Scope2以外の間接排出
（事業者の活動に関連する他社の排出）

（出所）資源エネルギー庁ウェブサイト（https://www.enecho.meti.go.jp/about/special/johoteikyo/scope123.html）

証プライム市場上場企業に対して、TCFDに基づく開示が義務化されており、強い影響力をもっています。

> **ワード解説！ TCFD**
> Task Force on Climate-related Financial Disclosuresの略。気候関連財務情報開示タスクフォース。金融安定理事会が設立した組織で、企業等が気候変動に関するリスクおよび機会を評価、マネジメント、情報開示するための枠組みを2017年に公表。

　また、企業のGHG削減目標を認定する国際的な枠組みとして、サイエンス・ベースト・ターゲット（SBT）が世界的に主流となっています。SBTは気候科学に基づいて、パリ協定に沿ったGHG削減目標を設定する方法論を定めており、2024年2月17日時点で世界4,599社（日本854社）がすでにSBTの認定を受けた目標を掲げています。SBTの方法論では、スコープ3の排出量が全体の4割を超える場合、スコープ3の削減目標も設定する必要があります。スコープ3の排出量を減らすにはサプライヤーの協力が必須になります。さらに、SBTの目標を掲げている取引先から、GHG排出量の算定や意欲的な削減目標の設定を求められる事例も増えています。

> **ワード解説！ スコープ1、2、3**
> 温室効果ガス排出量のうち、スコープ1は事業者自ら燃料を燃焼させるなどによる直接的な排出のことを指す。スコープ2は他社から供給された電気、熱・蒸気の使用に伴う間接排出、スコープ3はそれ以外のバリューチェーンを通じた間接的な排出を意味する。

6　機関投資家の要求

　ESG投資（環境、社会、ガバナンスに配慮した投資）が主流化するなか、機関投資家も投資先のサステナブル調達の実施状況を注視しています。ESG格付機関の評価項目には、サステナブル調達の実施状況に関する設問が多数入っており、年々強化されています。

7　サステナブル調達はリスク管理のため

　前述のTCFDやそれに続く生物多様性・自然資本の開示枠組みである**TNFD**の開示提言では、企業が気候変動や自然関連のリスク・機会を特定して、開示することを求めており、サプライチェーンに関連するリスクも多く挙げられると思われます（図表3－4）。

[図表3-4] サプライチェーンの環境・社会課題に起因した事業リスク例

リスク分類		例
物理的リスク	急性	・気候変動で激化した自然災害（洪水、干ばつ、風災、熱波など）によるサプライヤーの操業停止、原材料価格の高騰、物流網の混乱
	慢性	・気候変動に起因する原材料の生産適地の変化による調達リスク増大 ・花粉媒介、土壌機能、水質浄化機能などの生態系サービスの劣化による原材料の生産性の低下
移行リスク	規制	・環境・社会リスクに関するデューデリジェンス規制の強化への対応コスト、罰則 ・サプライチェーン全体での環境負荷開示規制への対応コスト、罰則 ・炭素税、炭素国境調整などによる調達コストの増加 ・自社製品に環境面や人権面の観点から規制されている原材料が含まれていることが明らかになり、輸出入差し止め ・原材料生産地での土地改変規制の強化による生産量の制限と価格高騰
	技術	・ブロックチェーン等を用いたトレーサビリティ技術の革新と対応コスト ・環境・社会影響の大きい原材料から別の種類の原材料に代替することによる製造プロセスの見直し
	市場	・認証原材料の使用への圧力と切り替えコスト ・製品の環境・社会影響が小さい他社製品への顧客流出 ・不買運動
	評判	・原材料調達先の環境・社会問題が顕在化し、調達先との取引停止 ・（サステナブル調達への取組みが不十分な場合）金融機関の評価低下による資金調達コストの増大

（出所）MS＆ADインターリスク総研作成

ワード解説！ TNFD

Taskforce on Nature-related Financial Disclosuresの略。自然関連財務情報開示タスクフォース。TCFDに範をとり、企業等が自然関連課題（依存とインパクト、リスクと機会）を評価、マネジメント、情報開示するための枠組みを2023年に公表。

このように、サステナブル調達は規制、市場、評判、財務などの企業の事業リスクになっており、CSRの範疇を超えて、企業のリスク管理のうえで避けて通れないテーマとなっています。

✓ Checkpoint

- サプライチェーンにおける環境問題の典型的な例として、食品、洗剤、化学品等様々な用途で使用されているパーム油を生産するパームヤシ農園の乱開発による熱帯林減少がある。
- サプライチェーンにおける社会問題には、児童労働、強制労働、先住民の権利侵害などがあり、人権リスクとなっている。
- 機関投資家においても、サステナブル調達の実施状況を注視している。

Q21 サステナブル調達を取り巻く法規制や規範にはどのようなものがありますか？

A サステナブル調達を推進したり、企業に対応を求めることを目的にした法律や規範は、主に次の3種類に大別できます。①公共調達、②デューデリジェンス義務化、③通商規制。特に、デューデリジェンス義務化は、欧米で整備が進んでおり、間接的な関わりも想定できます。一方で、通商規制も日系企業に適用されたこともあるため注意が必要です。

1　サステナブル調達に関連する法令や規範の種類

国内の企業にとって対応が必要な国内外のサステナブル調達に関連する法令や規範（ガイドラインなど）を大別すると、以下に分類できます。

○公共調達で、環境や社会に配慮した物品や役務を義務付けるもの
○サプライヤーに対するESG観点でのデューデリジェンスの実施を求めるもの
○人権侵害や紛争当事国などの貿易・通商を規制するもの

2　公共調達で、環境や社会に配慮した物品や役務を義務付けるもの

公共調達とは、国や自治体が備品など購入したり、公共事業を発注する事業者を選定する際に、環境や社会への配慮を要件とするものです。

例えば、日本では「国等による環境物品等の調達の推進などに関する法律」（グリーン調達法、2001年施行）があります。同法は、気候変動や環境汚染などの問題が大量生産・大量消費・大量廃棄型の経済活動に起因するとして、持続可能な発展の実現に向け、あらゆる分野で環境に配慮した物品に転換し、環境負荷低減につなげるのが目的です。そのため、国の各機関に、環境に配慮した物品の調達方針の作成・公表とその実践を求めています。

一方、地方自治体では「公契約条例」の制定が広がっています。同条例は、管内の経済振興や住民生活の向上などを目的に、自治体が発注する公共事業の契約者などを選定する際に、価格など条件に加えて、環境や社会など側面も考慮するというものです。契約した事業者に、業務に従事する労働者に最低賃金

を上回る額の賃金の支払いを求めるのが一般的です。ほかに、例えば愛知県では、「環境に配慮した事業活動」「障がい者雇用」「男女共同参画の貢献」なども評価します。いずれの場合も、サプライヤーとなる企業にESGへの対応を求めていますが、政府や自治体との取引時に限定されるのが特徴的です。

3 サプライヤーに対するESG観点でのデューデリジェンスの実施を求めるもの

　次は、企業にサプライヤーに対するESG観点でのデューデリジェンスの実施を求めるものです。

　「デューデリジェンス」は、使われる場面によって意味が多様な用語です。例えば、不動産売買でのデューデリジェンスというと、対象物件の適正価格を見極めるための調査の意味合いです。つまり、不動産の価値が買値を大きく下回るリスクが潜んでいないか探す作業です。その点、OECD多国籍企業行動指針（2011年改訂版）が「実際の及び潜在的な悪影響を特定し、防止し、緩和し、(以下略)」と定義するように、サステナブル調達の一種としてのデューデリジェンスも、サプライチェーンにおけるESGリスクを対象とする点で、趣旨は同じといえるでしょう。

　ESGのデューデリジェンスを企業に求める法令で、いま最も注目が集まっているのはEUの企業サステナビリティデューデリジェンス指令（**CSDDD**）です。事業活動に関連した人権侵害や環境破壊などのリスクについて、企業にデューデリジェンスの実施を義務化するもので、2026年ごろの適用に向けて策定中です。EU域内で活動し、基準を超える売上があれば、EUに所在しない会社も対象です。EU域内で基準以上の事業活動を行っている日系企業の多くが、同制度への対応を図っています。同指令は、対象企業にサプライチェーンを含む事業プロセス全体でのデューデリジェンスの実施を求めています。

> **ワード解説！ CSDDD**
>
> Corporate Sustainability Due Diligence Directiveの略。企業に、事業プロセスやサプライチェーン全体で、人権や環境などESGに関わる重大なリスクの特定と必要な対策実施、内容の開示を求めるEUの指令。

　そのため、取引先に同指令が適用される場合は、自社もデューデリジェンスの対象範囲になり得ます。取引先から、同指令対応のための現状確認や納入する原材料の詳細について調査やアンケートなどが寄せられる可能性もありま

■ [図表3-5] 法令、基準、ガイドライン・ガイダンスの違い

種類	特徴
法令	各国政府やEUが規定する法律および命令の総称。管轄内では強制力があり、違反者への罰則が伴う場合もある。
基準	例えば、一定のルールに基づく情報開示を行う場合、企業が遵守を求められる具体的な事項。法律で指定された場合は、遵守に強制力が生じる。一方で、国際標準化機構（ISO）の基準など任意による認証取得が前提の基準もある。
ガイドライン ガイダンス	自主的な適用が前提の指針。特定のルールの遵守や一定の取組みレベルに達していることを社外に示すための根拠に使用できる。ただし、日本の場合、政府が示すガイドラインなどは、強制力はないが、デファクトスタンダード（事実上の標準）に位置づけられる場合もある。

す。自社が適用対象でない場合も無関係とは言い切れないので注意が必要です。

EUでは、CSDDD以外にも、ESG関連のデューデリジェンスを企業に義務付ける法制が急ピッチで整備されています。主なものでは、EUで販売や輸出入する対象品が森林を破壊して開発された農地で生産されたものでないことを確認するためのデューデリジェンスの実施を義務付ける森林破壊防止規則（**EUDR**）が2023年6月に発効しました。また、EU域内で販売される自動車搭載や産業用などのあらゆるバッテリーについて、ライフサイクル（材料調達から回収・廃棄まで）の全体が持続可能であることを確認するためのデューデリジェンスを義務付けるバッテリー規則案も同年8月に発効しています。

> **ワード解説！ EUDR（森林破壊防止規則）**
>
> EU Deforestation Regulationの略。2013年に発効されたEU域内で違法伐採した木材や木材製品の流通を禁止する規制（EUTR：EU Timber Regulation）では不十分ということで、EUTRを廃止し、違法伐採のほか、森林劣化・減少につながる特定製品（カカオ、コーヒー、パーム油、ゴム、大豆、木材など）の輸出や市場の流通等に際し適用され、防止するためのデューデリジェンスを義務化している。

欧州では、特に人権侵害や環境破壊などのリスクで、企業にデューデリジェンスを義務付ける各国の法律の制定が先行してきました。例えば、**英国現代奴隷法**は、サプライチェーンを含めて人権侵害リスクのデューデリジェンスの実施と結果の開示を求めており、日系企業でも対応が進んでいます。

> **ワード解説！ 英国現代奴隷法**
>
> 2015年に制定。英国内で一定売上以上の企業に、事業プロセスやサプライチェーン全体で、強制労働や人身売買などを防止するためのデューデリジェンスの実施と報告を義務づける。

一方、法律ではありませんが、サステナブル調達の国際的ガイダンスに、

「**ISO20400**（持続可能な調達に関するガイダンス）」（2017年発効）があります。

> **ワード解説！** ISO20400
> 国際規格「持続可能な調達に関するガイダンス」。人権や環境などのサステナビリティ課題をサプライチェーン全体で実践するための事項で構成される。

　これは、2011年に組織の社会的責任を実践するための同じガイダンスとしてリリースされた「ISO26000（社会的責任に関する手引き）」の内容を調達で実践するための「指針」の位置付けです。望ましいサステナブル調達の実現のため、「基本原則の理解」「調達方針・組織戦略への統合」「調達機能の組織化」「調達プロセスへの統合」などの要求事項を定めています。

　一方、日本国内ではESG観点でのデューデリジェンスを義務付ける法律ではありませんが、注目が集まる関連の「規範」として、2022年9月に政府が策定した「**責任あるサプライチェーン等における人権尊重のガイドライン**」があります。国際的な規範である国連「ビジネスと人権に関する指導原則」に基づき、「人権デューデリジェンス」の実施を企業に求めています。その際、企業が防止すべき人権侵害に、「助長」や「直接的関連」といった概念を提起しました。つまり、自社が直接の原因でなくても影響範囲に責任が生じるというものでサプライチェーンも含み、デューデリジェンスの対象としました。

> **ワード解説！** 責任あるサプライチェーン等における人権尊重のガイドライン
> 日本政府が2022年に公表した「ビジネスと人権」を実践するための指針。国連指導原則に準拠した内容。

　ここで概観したデューデリジェンスは、企業に直接的にサステナブル調達を実施させるものではありませんが、取組みの結果として、調達プロセスにおけるESG課題の改善が目的です。最近では、リスクの把握だけでなく、サプライヤーと連携してESG対応の成果を高める「エンゲージメント」に取り組む企業も増えており、結果的にサステナブル調達の推進につながっています。

4　人権侵害や紛争当事国などの貿易・通商を規制するもの

　通商法による規制です。武力紛争との関連や人権侵害の発生が疑われる地域で生産された物品の購入や輸入を禁止するものです。本項で先に説明した「公共調達」や「デューデリジェンス」のようにサステナブル調達を推進する機能はありませんが、ESGに反する調達を排除する点で結果的にサステナブル調

達の実践につながるといえます。

代表例には、**米国金融規制改革法**（ドッド・フランク法）があります。対象のアフリカの複数国で採掘される金・スズ・タングステン・タンタルを、紛争鉱物と定義しています。同法が適用される企業は使用する原料が武装勢力の資金源でないことの確認・開示が必要です。武装勢力による人権侵害や環境破壊の防止が目的です。EUの紛争鉱物ルールもあり、世界の紛争地域と高リスク地域のすべての金属鉱物が対象です。

> **ワード解説！** 米国金融規制改革法
> 通称ドッド・フランク法。リーマンショック後の国際的な金融危機を受け、金融機関への規制と消費者保護の強化を目的に、2010年に制定。

通商規制は時々の政治状況に応じて変化もします。最近の代表例は、中国の新疆ウイグル自治区を巡る米国のケースです。米国は、同自地区内で強制労働が行われているとして、2021年1月には、同地からの綿やトマト製品の輸入を禁止しました。2022年12月には、ウイグル強制動労防止法を制定し、同自治区から製品を調達していないことの確認を企業に義務付けました。日本企業もこれらの規制強化のあおりを受けました。大手食品メーカーは、米国の規制強化に合わせて、製品原料の農産物について、同自治区からの調達を停止しました。

また、大手アパレルメーカーが、同自治区の綿を使用した可能性を疑われ、米国への輸入が差し止められたケースは、大きく報じられました。これらは、日本企業の多くが、自社のサプライチェーンに同自治区が含まれていないかを確認するため、デューデリジェンスを強化するきっかけになりました。

5 進出先の法律や制度の動向に注意

直接・間接を問わず、企業のサステナブル調達を推進する法制度は欧米諸国が先行し、日本は途上にあります。自社が欧州などに事業展開してない場合でも、進出済みの取引先（顧客）企業が法律に対応するために必要な対応への協力を求められる機会は増えると予想されるため、注意が必要です。加えて、強制力のない規範でも、社会的要請の強さから避けては通れない場合もあります。制度が急速に変化するだけに、動向への注意が不可欠です。

Q21 サステナブル調達を取り巻く法規制や規範にはどのようなものがありますか?

✅ Checkpoint

- サステナブル調達を取り巻く法規制や規範には、公共調達、デューデリジェンス義務化、通商規制が挙げられる。
- サステナブル調達を推進する法制度は欧米諸国が先行しており、進出先の法律や制度の動向に注意する必要がある。

Q22 サステナブル調達の推進方法にはどのようなものがありますか？

A サステナブル調達の推進方法には、大別して、①自社の意思や想定するリスクを示す、②サプライチェーンのリスクを把握する、③サプライヤーのリスク対策をフォローする、の3つがあります。

1 サステナブル調達の目的を理解する

　サステナブル調達の推進方法を考える前に、サステナブル調達を推進する目的を改めて確認してみましょう。サステナブル調達とは、原材料や業務委託先の選定にあたってもESGの側面に配慮するものです。その配慮とは、①自社のリスク対策、②社会全体の取組みの底上げ、の大きく2つの目的に整理できます。

─自社のリスク対策

　「自社のリスク対策」とは、自社の協力会社の中で児童労働や強制労働などの人権侵害や、また環境汚染などが起きないよう予防することです。例えば、自社のサプライヤーで人権侵害が発生したとします。最も配慮すべき「リスク」は、当事者が人権侵害によって被害を受けることです。一方で、自社にも、そうしたサプライヤーとビジネス上の関係をもっていることや、人権侵害の発生を予防できなかった点で、責任を問われる可能性があります。これは自社のレピュテーションにとっての「リスク」といえます。

　さらには、こうした問題を起こしたサプライヤーに批判が集中し、事業継続が困難になった結果、自社に不可欠な原材料の納入が滞る調達「リスク」にも懸念が高まっています。サプライチェーンにまつわるESGの問題が、自社のビジネスの継続に実害を生じかねないリスクの側面を強めています。

─社会全体の取組みの底上げ

　一方で、「社会全体の取組みの底上げ」とは、サステナブル調達を単に自社のリスク対策とのみ捉えるのではなく、その取組みを通じてサプライヤーのESGの理解や実践を支援し、結果的に社会全体のESG取組みの充実に寄与することを指します。リスク対策だけを考えれば、問題を起こしたり、もしくは

問題を起こしそうなサプライヤーを選り分けて、自社のサプライチェーンから排除すればよいでしょう。ただ、事はそれほど単純ではないはずです。自社に不可欠な技術を持つなど自社にとっての重要性が極めて高い半面、管理体制が脆弱なサプライヤーも珍しくないでしょう。他方で、リスク回避を重視して厳格な要件をサプライヤーに求めることは、程度や内容によっては「優越的な地位の濫用」などに抵触しかねません。サプライチェーン上流の企業には、サプライヤーをリスクに応じて切り捨てるのではなく、サプライヤーの対応力が不十分であれば、連携して底上げを支援する役割を求められるようになりました。

2 推進のための取組み

このようにサステナブル調達の目的を「自社のリスク対策」および「社会全体の取組みの底上げ」と整理した場合、目指すべきは、サプライチェーン内において自社が重視するリスクの状況を的確に把握するとともに、それらを低減できるようサプライヤーと意思を共有したうえで、協働歩調で取組みを進めている姿です。その実現には、①自社の意思や想定するリスクを示す、②サプライチェーンのリスクを把握する、③サプライヤーのリスク対策をフォローする、の３つの実施がポイントとなります。先行企業の多くが取り組む内容です。それぞれの実施事項について、すでに普及している具体的手法は図表３－６のとおりです。

■ [図表3-6] **サステナブル調達推進の実施事項と具体的手法**

実施事項	具体的手法
① 自社の意思や想定するリスクを示す	調達方針・ガイドライン
② サプライチェーンのリスクを把握する	SAQ、ヒアリング・監査
③ サプライヤーのリスク対策をフォローする	対策のモニタリング

(出所) MS&ADインターリスク総研作成

─自社の意思や想定するリスクを示す

サステナブル調達は、自社がESG対応を通じて、社会的課題の解決に貢献するための手段であり、自社単独ではなく、サプライヤーと協働で取り組むべき活動です。そのため、パートナーとなるサプライヤーに自社の意図や価値観をできる限り具体的に理解し、納得してもらうのが推進の前提になります。その際、自社の意図や価値観をサプライヤーに示すのが、調達方針やガイドラインです。

まず、「（サステナブル）調達方針」は、ESG課題にまつわる他の環境方針や人権方針などと同様に同課題に取り組む自社の意思を明文化する文書です。先行企業の例では、「（サステナブル）調達方針」として、独立した文書の場合もあれば、「取引にあたっての考え方」のような体裁で、対象の取組課題ごとに設定した方針をまとめて示している会社もあります。ただ、いずれの場合も、「人権尊重」「環境保全」「企業倫理・コンプライアンス」「公正な取引」「情報管理」などを主な課題に挙げています。文章上の主語を「当社」とし、自社がサプライチェーンにおいて特に重視するリスクに言及するのが通例です。特定のひな形に沿ったものではなく、各社の独自色があります。ESGに関する国内外の規範を参考に、内容を決めるのが一般的です。なお、対外的なコミットメントとして開示を前提にするため、多くの企業が策定にあたり取締役会で決裁しています。

　次に、「調達ガイドライン」は、方針に基づいて、サプライヤーに求める取組みや目指すべきゴールなどをより具体的に記載したものです。例えば、方針で示した「人権尊重」について、強制労働や児童労働の禁止、差別の禁止など、また環境では温室効果ガスの削減やその他の環境負荷の軽減などと具体的なテーマに細分化するともに、遵守すべき法律や基準や方法論など、自社にビジネスに直結した技術的な内容も含みます。サプライヤーに遵守を期待するベンチマークとする場合も、取引の必須条件とする場合のいずれの用途もあります。ガイドラインの遵守を、サプライヤーとの契約事項に盛り込むケースも増えています。なお、調達方針と異なり、サプライヤーに個別に示す文書としてホームページなどで公表しない会社も少なくありません。

■サプライチェーンのリスクを把握する

　方針やガイドラインでサプライヤーに対応を求めるリスクを具体的に示したうえで、十分なリスク低減を目指すためには、サプライヤーへの周知・定着と実状の把握が次のステップになります。そのために先行企業で導入が進むのが、「SAQ（Self-Assessment Questionnaire）」です。「アンケート」や「セルフチェック」などと呼ばれる場合もありますが、いずれもサプライヤーに質問票への回答を求める点で共通します。質問項目は、方針やガイドラインと対応させて自社で作成する会社も少なくありません。外部機関などが公表する質問票を使う会社も増えています。外部機関によるSAQでは、グローバル・コンパクト・ネットワーク・ジャパンの「CSR調達セルフ・アセスメント・ツールセット」

が代表格です。質問書の様式がパッケージ化されており、採用する企業も少なくありません。また、電子情報技術産業協会（JEITA）の「責任ある企業行動ガイドライン」や**レスポンシブル・ビジネス・アライアンス（RBA）行動規範**を、質問づくりに参照している企業も多くみられます。いずれも、ESG項目が網羅されており、無償で入手可能です。

> **ワード解説！** RBA行動規範（RBA基準）
> 電子機器の関連企業が共同で作成したサプライチェーンのESGリスク対策のために求められる行動をまとめたもの。サプライヤー向けSAQの代表的な準拠基準。

　一方で、有償ですが、EcoVadisやSedexなどオンラインのSAQツールも活用が広がっています。上流企業にとっては、書式の送付・回収などの作業が不要になる一方、サプライヤーも一度回答すれば指定する上流企業のすべてが閲覧できるので、各社からの異なる様式のSAQに個々に回答する手間を軽減できます。ただ、質問内容は固定なので、上流企業が独自の質問を織り込むことが難しいなどのデメリットもあります。

　SAQはサプライヤーの実態把握の有効な手法ですが、一方で自己評価の限界もあります。そこで、SAQを補完するために採用されるのが、サプライヤーに対する監査やヒアリングです。対面・リモート・第三者委託など様々な方法があります。SAQの回答を基礎資料にしながら、サプライヤーとの対話を通じてリスクの実態を確認するのが目的です。現地・現物を直接チェックできるメリットの半面、手数やコストが大きくなりがちです。ときに数百・数千に及ぶサプライヤーすべてで実施するのは非常にハードルが高いです。

　したがって、監査の実施は必須ではなく、その有効性とコストなどのバラン

■ [図表3-7] SAQの代表的な質問

- ガバナンス
- 人権
- 労働
- 環境
- コンプライアンス（腐敗防止、公正な競争、インサイダー防止など）
- ステークホルダーとのコミュニケーション、エンゲージメント
- 品質、製品安全
- 情報セキュリティ
- 事業継続

スで実施を決めるのが妥当です。

■ **サプライヤーのリスク対策をフォローする**

このように、自社のリスク対策がサステナブル調達の主な目的ですが、高リスクなサプライヤーをあぶり出し、排除することが目的ではありません。例えば、人権デューデリジェンスの政府ガイドラインは、サプライヤーに人権侵害が判明した場合でも、取引停止は「最後の手段」と位置付けています。そうしたサプライヤーを切り捨てることはむしろ人権侵害を悪化させるおそれもあるとして、上流企業に侵害の軽減に向けた努力を求めています。こうした期待は、人権に限らずサステナブル調達全体に適用されます。

そのため、SAQや監査などで、サプライヤーが自社の基準に適わないと判明した場合は、「サプライヤーに結果をフィードバックする」「原因や改善策をサプライヤーと協議する」「サプライヤーの改善状況を確認する」などに加えて、サプライヤー単独では状況の改善が困難な場合は、上流企業が研修や情報提供などを通じてサプライヤーを支援することが考えられます。

✓ Checkpoint

- サステナブル調達は、原材料や業務委託先の選定にあたってもESGの側面に配慮する。
- 推進方法としては、自社が想定するリスクを示すための調達方針の策定、サプライチェーンのリスクを把握するためのヒアリング、サプライヤーのリスク対策をフォローする対策のモニタリングなどがある。

Q23 サステナブル調達の優良取組事例にはどのようなものがありますか？

A サステナブル調達を推進するには、「調達ガイドラインの策定」や「サプライチェーンのリスク把握」など、すでに普及した標準的な手法が上場企業を中心に採用が広がっています。一方で、独自のアプローチで調達リスク対策に取り組んでいる先進的な例もあります。

1 調達ガイドラインの策定

原材料等の調達ガイドラインにおいては、一般的には、国際機関やグローバルにおける代表的なNGO等のガイドラインに依拠して策定し、特定の原材料で、環境に配慮した国際的な認証制度を調達基準に採用している例が多くみられます。

■ [図表3-8] 国際的な認証制度を調達基準に採用した例

業　種	原材料調達基準の例
①消費財	パーム油誘導体をすべてRSPO（持続可能なパーム油のための円卓会議）認証油に切り換えることを目標に掲げ、2022年12月末時点で主要原料ベース99％を切り替え済み。
②食　品	水産物について、MSC（海洋管理協議会）認証やASC（水産養殖管理協議会）認証などを取得した水産物の調達を進めている。すり身に使用するスケトウダラは認証を取得したものだけを使用。
③製　薬	紙製品調達方針により環境に配慮したFSC（森林管理協議会）などの森林認証紙、または再生紙を優先して使用。

（出所）各社HPをもとにMS＆ADインターリスク総研作成

一般的な認証を得た原材料を市場から調達するのみでは必要数の確保に限界があることから、独自にガイドラインを設定している企業もあります。認証制度を補完する形でトレーサビリティを担保し、その内容を開示することで独自のサステナビリティ調達を実現することが目的です。

【事例1】 自社独自の調達ガイドラインを策定

A社は、原材料調達において、気候変動をはじめ、人権、生物多様性等のリスクを低減すべく国際イニシアティブや認証団体等と連携しています。しかし、A社の重点原材料の一つであるパーム油（パーム核油含む）は、一部の地域では

認証パーム油の供給が限られてしまうなどの問題に直面しました。そこで国際認証に基づく認証品に加えて、自社独自でトレーサビリティの確認できるパーム油を「持続可能」と判断しています。この取組みによって、国際的な認証制度に基づくパーム油の調達が困難な地域でも、環境破壊が懸念されている地域での生産の有無の把握や、人権侵害等の問題が発生した場合の早期対応を可能にしています。

2 サプライチェーンのリスク把握

サプライチェーンのリスクを把握する方法は、SAQ（Self-Assessment Questionnaire：自己評価するための質問票）、ヒアリング・監査が一般的で、把握の内容については、多くの企業は定性的な評価結果を中心に開示しています。

■ [図表3-9] サプライチェーンのリスク把握の例

業　種	リスク把握の例
①情報・通信	重要サプライヤーに対してサステナブル調達アンケート調査を実施。アンケートの質問は、自社の調達ガイドラインで規定した事項と対応させ、人権・労働、安全衛生、環境、公正取引・倫理、品質・安全性、情報セキュリティ、社会貢献などで構成する。RBAの行動規範やJEITAの「責任ある企業行動ガイドライン」を参考にしつつアンケートの回収率や得点率等を開示。
②製　薬	GCNJ（グローバル・コンパクト・ネットワーク・ジャパン）の「CSR調達セルフ・アセスメント質問表」を用いてサプライヤーへ調査を実施。また、事業活動に基づいて独自に作成した「人権SAQ」と「環境SAQ」も併せてサプライヤーへ依頼するとともに、SAQに加え、調査結果のレビューとリスク特定を実施。
③不動産	2次サプライヤーまでを対象にアンケート調査を実施。特に施工会社にはアンケート調査回答後に従業員にインタビュー。サプライヤーの実態を理解したうえで、課題への対応策を検討し、サプライチェーンマネジメントの強化に活用。

（出所）各社HPをもとにMS&ADインターリスク総研作成

気候変動の影響を把握するため、サプライチェーンを通じた関連リスクの定量化を試みる企業が増えています。例えば、特定原材料の調達リスクを金額として定量化し、長期戦略、そして具体的なアクションにつなげた例を紹介します。

【事例２】　サステナブル調達のリスクを定量化し、原料調達の長期戦略を策定

> B社は、特定の原料カテゴリーについて、2050年に時間軸を設定し、IPCC、IEAなどの公開シナリオを参照しながら、気候変動影響をはじめとした環境の観点と人権などの社会的な観点の変化が事業へ与える影響を想定。将来時点での原料調達のありたい姿を、トレンド分析や自社の目標などをもとに描き、到達の道筋を検討しました。特に将来の気候変動が事業にもたらす影響について、**2050年4℃シナリオ**で事業に与える影響を原材料ごとに定量化し、開示。加えて、持続可能な農業を目指す国際団体への加盟や、再生農業の試験的な実施等の具体的な活動を戦略から導き出しました。

ワード解説！　2050年4℃シナリオ

地球温暖化で自社事業に生じ得る影響を分析する際の最も深刻な想定の一つ。2050年までに地球平均気温が産業革命前比で約4℃上昇を見込む。

3　サプライヤーのリスク対策支援

　サステナブル調達の目的は、前述のとおり、①自社のリスク対策、②社会全体の取組みの底上げ、です。ここでは、②社会全体の取組みの底上げの観点で、サプライヤーのリスク対策を支援することを通じて、サプライチェーン全体のリスク低減を図った事例を紹介します。

■[図表3-10]　サプライヤーのリスク対策の支援例

業　種	支援例
①エレクトロニクス・電気機器	サプライヤーと双方合意のうえで、アセスメントの結果から浮かび上がる課題に対して改善アドバイスを行い、定期的に進捗状況を確認して、改善に向けて継続支援を実施。
②食　品	サプライヤーとの相互コミュニケーションを重視。定期的に実施するアンケート調査・サプライヤー評価の結果は、サプライヤーにフィードバックされ、リスクに対する取組みが不十分である場合は追加調査を実施。必要に応じて是正依頼あるいは改善支援を行う。加えて、サプライヤー説明会／研修会などを開催。「サプライヤー満足度調査」の実施で持続可能な調達方針に沿った調達活動が行われているかを確認・検証。特に改善が必要と思われる項目には、速やかに対応。さらに、サプライヤーのサプライヤーが取引に関する懸念事項を通報できる通報窓口（ホットライン）を整備。

（出所）各社HPをもとにMS＆ADインターリスク総研作成

　事例3は、サプライヤーである生産農家を支援することで、原材料の安定確保にもつながる。つまり、企業とサプライヤーの双方がメリットを得る取組み

です。

【事例３】　生産農家の支援、育成により、自社の原材料安定供給を実現

　C社は、お茶製品を製造販売しており、原料の安定調達のため茶葉農家の育成事業を展開。日本国内の就農人口や茶葉面積が減少傾向にあるなか、高品質な国産緑茶を提供できるよう体制を強化しています。茶葉を全量買い取りする契約栽培や、茶葉の生産に関する技術やノウハウの全面的な提供を通じ、持続可能なサプライチェーンの構築を図っています。

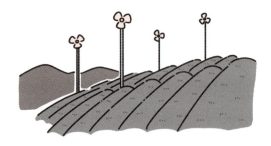

Checkpoint

- 原材料等の調達ガイドラインでは、環境に配慮した国際的な認証制度を調達基準としているケースが多い。
- サプライヤーである生産農家を支援しつつ、自社の原材料安定供給を実現することで、結果自社のサプライチェーン強化につながり、生産者と調達企業の両者がメリットを得るという取組みがある。

Q24 サステナブル調達の様々な事例を教えてください

A 各社のサステナブル調達の状況を見ると、業種により調達する方法や内容が違うため、業界ごとの傾向が見られます。

1 エレクトロニクス・電気機器等

サプライチェーンのグローバル化が顕著なエレクトロニクス・電気機器業界は、金属等の原材料調達について外国の法規制や国際的なガイドラインに準拠した調達方針を定める例が多くみられます。また、自社やサプライヤーの従業員に外国籍の人材や技能実習生が含まれることが多いため、人権侵害リスクを意識し、対応策を重視する傾向が強いです。

■［図表3-11］エレクトロニクス・電気機器業界におけるサステナブル調達の例

テーマ	具体的内容
①サステナブル調達ガイドライン	RBA基準に準拠したサプライヤー行動規範を策定。RBA基準の改定に併せて内容を更新。
②鉱物調達	OECDガイダンスに基づく「責任ある鉱物調達方針」を規定。金・錫・タンタル・タングステン・コバルト・天然マイカなどの原材料鉱物の調達過程で人権侵害の有無をサプライヤーに調査。
③外国人技能実習生	協力会社の外国人技能実習生の雇用比率が高いため、担当者が個別に訪問して人権デューデリジェンスへの理解を求めるとともにヒアリングを実施、継続的な取組みと協力を要請。

（出所）各社HPをもとにMS&ADインターリスク総研作成

2 食品・生活用品

食品・生活用品業界では、多くの商品で主要原料に使用されるパーム油が調達において格別な対応が求められる対象です。パーム油の生産は熱帯林減少の最大の要因の一つとされています。主に食品や洗剤などのメーカーが、パーム油の持続可能な調達に向けて取り組んでいます。

■ [図表3-12] 食品・生活用品業界におけるサステナブル調達の例

テーマ	具体的内容
①パーム油の調達	「持続可能なパーム油のための円卓会議（RSPO）」に加盟。自社工場で使用するパーム油について**RSPO認証**パーム油へ切り替えを開始。
②パーム油認証クレジットの購入	自社グループで調達するパーム油についてRSPOの認証クレジットを購入。
③パーム油調達の課題解決	持続可能なパーム油調達における課題の本質的解決に向けて、下記活動を推進。 (1)生産農園までのトレーサビリティの確保 (2)第三者認証制度の活用（RSPO認証品への切り替え） (3)生産現場での直接的な支援活動（独立小規模農園へのトレーニング実施） (4)生産現場とのダイレクトチャネルの構築（グリーバンスメカニズム） (5)森林破壊モニタリングの実施（森林フットプリント）

（出所）各社HPをもとにMS＆ADインターリスク総研作成

> **ワード解説！ RSPO認証**
> Roundtable on Sustainable Palm Oilの略。搾取や環境破壊などがない持続可能な生産・流通を経ているパーム油を認証する制度。関連する企業やNGOなどで構成する運営母体の名称にちなむ。

3 建設・不動産

　建設・不動産業界にとってのサプライチェーンは、資機材に加え、協力会社

■ [図表3-13] 建設・不動産業界におけるサステナブル調達の例

テーマ	内容
①定期的な安全、人権・労働問題、環境、コンプライアンス等に関するチェック、モニタリング	工事現場の監理では、人権侵害や技能者の処遇等に問題がないかを含めて協力会社を評価。 本社と支店が定期的に工事事務所をパトロールし、法令違反や労務問題・人権侵害などの管理上の不適切な事象の有無を点検する。また、本社が、現場や支店を対象に、一定の頻度で、協力会社における人権関連の評価や技能者の処遇改善に向けた取組みや管理の状況について監査を実施。
②木質建材サプライヤーへのデューデリジェンス	主要木質建材サプライヤーにデューデリジェンスを実施。必要に応じてより上流の海外生産者を対象に伐採地視察など現地確認も実施。
③持続可能な森林資源の調達	森林資源の調達に関する基本的な考え方や対象範囲を定めた「資材調達ガイドライン」を策定。下記の項目などについてサプライヤーに対応を要求。 (1)木材・木材製品の合法性の確認 (2)持続性のある森林資源の調達 (3)貴重樹種の保護 (4)サプライチェーンの管理、推進

（出所）各社HPをもとにMS＆ADインターリスク総研作成

を中心とする現場内での人的資源への依存の強さが特徴といえます。何層もの下請け構造が存在し、直接契約先だけでなく、二次請け以降の協力会社にも、差別や不当な取扱い、児童労働・強制労働などの禁止の徹底が求められます。

　図表３－13は、資材調達に関する森林資源・森林環境に対する負の影響の最小化と、持続可能な木材調達の実現に向けた対応例です。

4　アパレル

　アパレル（ファッション）業界は、大量生産・大量消費のライフサイクルによって廃棄物による環境汚染や労働環境問題など、多くの課題を抱えるといわれています。過去には、世界的なアパレルメーカーが生産委託する途上国の下請け縫製工場で、入居するビルが崩壊する事故が発生。多くの被害者とともに、常態化していた長時間労働や低賃金など搾取、児童の就労などの問題が浮き彫りになり、発注元のアパレルメーカーの責任を問う声が高まりました。

　こうした事態を受けて、同産業の主要な企業が、原材料調達における環境配慮や資源循環、取引先工場を含めた人権尊重・労働環境改善などについて、適正化の取組みを行っています。

■ [図表3-14] アパレル業界におけるサステナブル調達の例

テーマ	内　　容
①環境に配慮した素材の調達	地球環境や動物福祉、生産者や地域への影響に配慮した素材を積極的に選択することで、資源循環や自然共生型ビジネスモデルを志向。
②回収した服のリサイクル	回収したダウンジャケットのダウンとフェザーを抽出し、新しいダウンジャケットの原材料として活用。また、回収した服のうち、寄贈用に適さず、原材料にもリサイクルできない素材であると選別された服は、固形燃料や自動車用防音材にリサイクルし活用。
③サプライチェーンの人権尊重	販売するほぼすべての商品を自社で生産せず、サプライヤーから調達。サプライチェーン全体における人権尊重を重要なESG課題と認識しており、サプライヤーと協力して人権尊重に取り組んでいる。サプライヤー向けに説明会を開催し、自社の人権や環境配慮に関する基本的考え方や、サプライヤーに工場のチェック内容などを説明。商品管理部員がPB商品生産工場の労働環境を審査し、そこで蓄積した様々なノウハウをサプライヤーに普及。サプライヤー自身による人権尊重への適切な取組みを支援している。

（出所）各社HPをもとにMS＆ADインターリスク総研作成

✅ Checkpoint

- エレクトロニクス・電気機器業界のサステナブル調達には、鉱物調達や外国人技能実習生に関する対応策を重視する傾向がある。
- アパレル業界におけるサステナブル調達には、環境に配慮した素材、リサイクル、サプライチェーンの人権尊重に関する対応策を重視する傾向がある。

PART 4

経営支援の観点で
サプライチェーンを見てみよう

Q25 なぜ金融機関は取引先のサプライチェーンを注視する必要があるのでしょうか?

A 激動する現代においては、自社が万全であっても、サプライチェーン上で(上流・下流問わず)何か問題が発生すると、自社にも影響が及ぶことになるため、企業規模問わず、すべての企業が「レジリエント」で「サステナブル」な事業活動、そしてサプライチェーンの構築が求められています。こうしたなかで、企業を支える金融機関としては、取引先企業のことだけを理解し、支援するだけでは十分とはいえません。取引先企業を取り巻くサプライチェーンを、上流から下流まで理解することで、取引先の事業を深く知り、適切なアドバイスの実施や取組状況を勘案した事業性評価への展開、新たなビジネスチャンスの創出等、平時の本業支援の一環としての信頼構築、営業推進が可能となります。

1 市場の変化に対応し取引先企業のサポート役になる

　感染症の拡大や大規模災害、国際紛争等の地政学リスクの高まり、環境規制や人権・労働問題への適切な対応等、劇的に変動する国内外の動きにより、企業を取り巻くサプライチェーンのあり方も変化が求められています。

　近年のこうした国内外情勢や、それに伴う市場の変化は、大企業だけの問題ではなく、サプライチェーンを構成し、金融機関の取引先の多くを占める中小企業等も含めて対応をしていかなければなりません。

　つまり、企業規模等を問わず、すべての企業が「レジリエント」と「サステナブル」を意識して事業活動をしていかなければならないということになります。そして、こうしたレジリエントでサステナブルなサプライチェーン構築や事業活動を展開するサポート役として、金融機関の力が必要となるのです。

2 金融機関としての業務に役立つ

　サプライチェーン・マネジメント／サプライチェーン・リスクマネジメントの概要を理解し、取引先企業のサプライチェーンを把握することは、金融機関の業務の品質向上や、ビジネス拡大にもつながります。

━リスク管理の観点

取引先企業が万全であっても、サプライチェーン上で問題が発生することで、取引先企業自体が売上・利益等低下、事業停滞・停止、最悪の場合は倒産に追い込まれてしまいます。金融機関として、取引先企業自体のリスクだけでなく、取り巻くサプライチェーンのリスクも正確に把握し、融資条件等を調整することが求められます。

━信用リスク評価の観点

サプライチェーンのレジリエント／サステナブルな取組みは、企業の信用リスクを正確に把握するうえでの重要な視点となります。取引先企業だけでなく、サプライヤー等の健全性が取引先企業に影響を与える可能性があるため、これらを把握することで、金融機関としてより精度の高い信用リスク評価が可能となり、格付判定や自己査定の質向上につながります。

━有事の際の影響評価の観点

特に途絶リスクにいえることですが、特定のサプライチェーン上の企業（これはサプライヤーだけでなく、納入先も含む）が途絶リスクの顕在化により生産停止に陥った場合、取引先企業の収益や返済能力に影響を与える可能性があります。サプライチェーンを理解することで、こうした影響の波及や金融機関に与える影響を評価するのに役立ちます。

━新規ビジネス創出の観点

取引先企業の「レジリエント」と「サステナブル」を支援するために様々な提案が行われており、これが結果的に金融機関としてのビジネスの創出にもつながっています。サプライチェーンに関する課題は多くの取引先企業にとっての悩みのタネであり、そこに金融機関としても大きなビジネスチャンスが隠れています。サプライチェーンを理解することで、新たなビジネスチャンスも生まれやすくなるといえます。

✓ Checkpoint

- 金融機関は取引先企業を取り巻くサプライチェーンを上流から下流まで理解することで、取引先の事業を深く知り、適切なアドバイスの実施や新たなビジネスチャンスの創出等の支援が可能となる。
- 金融機関には、取引先企業自体のリスクだけでなく、取り巻くサプライチェーンのリスクも正確に把握し、融資条件等を調整することが求められる。

Q26 業種別のサプライチェーンの特徴としてどのようなものが挙げられますか?

A 製品の品質、顧客の需要、技術革新、規制環境、グローバル化等の要因により、業界・業種ごとにサプライチェーンの構造や特徴は大きく異なります。ただし、これらもすべての企業に当てはまるわけではありませんので、取引先企業と対話を重ねながら、その企業のサプライチェーンの特徴をつかむようにしましょう。

1 業種ごとに異なるサプライチェーンの構造や特徴

　一口にサプライチェーンと言っても、その構造や特徴は業界・業種等によって様々です。実際に経営支援を行ううえでは、取引先企業の属する業界・業種のサプライチェーンの特性を踏まえて、課題を設定していくことが重要となります。

　業界・業種ごとにサプライチェーンの構造や特徴が異なる要因としては、主に以下の点が挙げられます。取引先企業がどのような特徴があるのかを事前に整理しておくとよいでしょう。

―製品の特徴

　耐久消費財（自動車、家電製品等）は長期的な使用が前提である一方、非耐久消費財（食品、日用品等）は消費サイクルが早く、迅速な物流と在庫回転が求められます。また、部品点数が多い（自動車等）、高度な技術を要する（先端技術等）製品の場合等は、サプライチェーンが複雑になりやすいといえます。

―顧客の需要

　定期的で予測可能な需要パターンをもつ業界（洗剤・トイレタリー用品といった日用品等）と、季節性や流行等によって需要が大きく変動する業界（ファッション、化粧品、農産物等）では、サプライチェーン・マネジメントが異なります。また、顧客要求に合わせて製品をカスタマイズ（受注生産）する場合は、サプライチェーンの柔軟性と迅速な対応力が求められます。

―技術革新

　業界における技術革新（高度な情報技術、自動化技術等）の影響で、製品ラ

イフサイクル、製造プロセス、物流管理等が大きく変革します。

━ 規制環境

特に食品や医薬品、半導体等の業界では、各国の法規制や国際基準、国内基準がサプライチェーンに大きな影響を与えます（安全性、環境規制、品質管理等）。

━ グローバル化

生産や販売をグローバルに展開している場合は、当然サプライチェーンも国内中心のサプライチェーンと大きく異なります。特にリスクにおいては、国内で想定するリスクと異なるほか、通貨変動や貿易障壁、地政学リスク等の新しいリスクも考慮する必要があります。

2 代表的な業界のサプライチェーンの特徴

━ 自動車・自動車部品業界

高度に組織化された構造、厳密な効率性が要求され、製品の複雑さ、技術革新、グローバルな生産ネットワーク等が特徴として挙げられます。

■ [図表4-1] 自動車・自動車部品業界のバリューチェーン

（出所）MS＆ADインターリスク総研作成

○特徴①：複雑なティア構造とサプライチェーン可視化への対応

自動車・自動車部品業界は複雑なティア（層）システムに基づいて構成されています。そのため、部品の追跡と透明性を確保するために、サプライチェーンの可視化が非常に重要な課題の一つになっています。

○特徴②：JIT（ジャストインタイム）生産と内在する脆弱性

この業界では、在庫を最小限に抑え、効率を最大化するためのJIT生産方式を広く採用しています。部品を正確な時間に、必要な場所で、正確な数量で供給する一方、サプライチェーンにおいて途絶リスクが顕在化すると、たちまち市場への供給が困難になる場合があります。

○特徴③：新技術への対応

電気自動車（EV）、自動運転車、コネクテッドカー等の新技術への対応により、自動車・自動車部品業界のサプライチェーンは今後大きな変革が訪れる可能性があります。

○特徴④：環境規制と持続可能性

　排出ガス削減やリサイクル可能な材料の使用、エネルギー効率の向上等、環境規制の厳格化と消費者の環境に対する意識の高まりにより、よりクリーンで持続可能な製造が求められています。

■電気機械業界・精密機械業界

　電気機械業界（家電、コンピューター、携帯電話、集積回路（IC）、半導体素子等）、精密機械業界（光学機器、医療用機器等）のバリューチェーンの流れは、自動車・自動車部品業界と類似するものの、以下のように違った特徴を見せます。

○特徴①：技術環境への依存と脆弱性

　常に変化する技術環境に依存しており、サプライチェーンとしても高度な技術や専門知識、技術の波に乗り遅れない迅速な対応等が求められます。一方で、特定の原材料や部品に対する依存度が高い傾向にあるため、途絶リスクが顕在化した場合には業界全体が止まってしまう可能性もあります。

○特徴②：複雑なリスク管理

　特に先端技術に該当するような製品の場合、これまでに挙げた途絶リスクやサステナビリティリスクのほか、技術的な失敗や知的財産保護等も主要リスクとして挙げられるため、これらの管理が求められます。

■食品業界

　これまで紹介した機械類の産業と比較して、食品業界では特有の要求事項や考慮すべき事項があります。

■[図表4-2] 食品業界のバリューチェーン

（出所）MS＆ADインターリスク総研作成

○特徴①：生鮮性・安全性・品質等の要求

　生鮮食品を取り扱う場合は、その品質を維持するために、製造から販売までの時間を最小限に抑える必要があります。また、食品安全に関する厳格な基準と規制を遵守するために、サプライチェーンの追跡やトレーサビリティが重要となります。

○特徴②：シーズナリティ（季節性価格変動）や需要変動性を考慮したサプライ
　　　　　チェーン管理

原材料にあたる農産物や水産物等、その多くが季節によって供給が変動するほか、最終加工製品についても流行性や消費者の嗜好変化（オーガニック、地産地消、非遺伝子組み換え等）を考慮しなければならないため、サプライチェーンの柔軟性・適応性が要求されます。

○特徴③：持続可能性と倫理的要求

他の産業と同様に環境への配慮や人権リスク対応のほか、動物福祉（アニマルウェルフェア）の観点もあり、環境や社会に配慮した商品を好む「エシカル消費（倫理的消費）」への対応が急務となっています。

> **ワード解説！ アニマルウェルフェア**
> 人間が動物に対して与える痛みやストレス等の苦痛を最小限に抑える等の配慮により、動物の待遇を改善しようとする考え（家畜の飼育管理・輸送や動物実験等において主に言及される）。

■ 医薬品業界

医薬品業界のサプライチェーンは、他業界と比較して特に規制が厳格であるという点が特徴的です。

■ [図表4-3] 医薬品業界のバリューチェーン

（出所）MS＆ADインターリスク総研作成

○特徴①：厳格な規制遵守と高度な品質管理

製薬業界は特に厳しい規制が課せられており、「医薬品の製造管理及び品質管理の基準（GMP）」や「医薬品の適正流通基準（GDP）」等に基づき、厳格な品質管理、品質保証プロセス、製品の承認と市場導入のための規制当局との連携、流通管理等が発生します。また、この観点から、緊急時の代替戦略（サプライヤー切替や拠点移転等）が困難という特徴もあります。

○特徴②：厳格な輸送管理

多くの製薬製品（特に生物製剤やワクチン等）は、品質を維持するために特定の温度で輸送・保管される必要があるほか、偽造医薬品や盗難を防ぐために万全なセキュリティ対策が求められるなど、輸送面の管理は非常に重要な要素の一つといえます。

○特徴③：複雑なグローバルサプライチェーン

原材料の調達・製造・研究開発・市場展開に至るまで、世界中に複雑なグ

ローバルサプライチェーンを展開しています。これにより、様々な途絶リスクに見舞われる可能性があります（図表4－4）。

■[図表4-4] 安定確保医薬品の国内製造工程の状況

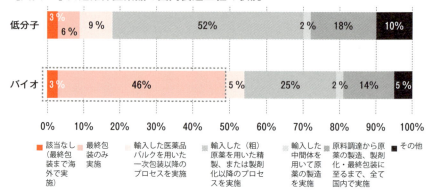

（出所）日本医薬品卸売業連合会国際委員会「医薬品のグローバルサプライチェーンと日本における安定供給のリスクについて」

アパレル業界

アパレル業界のサプライチェーンは動的で、季節性、トレンド変動、短い製品ライフサイクルに特徴づけられ、需要の予測が難しく、消費者の嗜好の変化に迅速に対応しなければならないという特徴があります。

■[図表4-5] アパレル業界のバリューチェーン

（出所）MS＆ADインターリスク総研作成

○特徴①：高い柔軟性とスピードを備えたサプライチェーン

消費者の嗜好や市場のトレンドが頻繁に変化するため、製品のライフサイクルが非常に短く、またサプライチェーンについては、迅速なデザイン変更や生産スケジュール調整、効率的な物流と配送戦略といった、高い柔軟性とスピードが求められます。

○特徴②：グローバルなバリューチェーン構成とサプライチェーン管理

原材料だけでなく、生産機能についても労働コストの低い国々にアウトソースされることが多いため、グローバルなサプライチェーン管理が求められます。

○特徴③：サステナビリティとエシカルな調達

環境への配慮や人権リスクに対する消費者の意識の高まりにより、持続可能

な素材の使用、公正な労働慣行等が特に叫ばれている業界でもあります。

─卸売・小売業界

卸売業・小売業のサプライチェーンは、生産者から最終消費者までの商品の移動と流通の効率化に焦点を当てて取り組んでいるのが特徴です。

■ [図表4-6] 卸売業・小売業界のバリューチェーン

（出所）MS＆ADインターリスク総研作成

○特徴①：在庫管理の重要性

卸売業・小売業では、適切な在庫レベルの維持が非常に重要となります。過剰在庫は資本の無駄遣い、在庫不足は売上機会の損失につながるため、需要予測等も踏まえて効率的な在庫管理が求められます。

○特徴②：サプライチェーンの透明性・持続可能性

消費者の製品に対する持続可能性に対する意識が高まっているため、卸売業・小売業においてもサプライチェーンの透明性・持続可能性を確保することが求められます。

─建設業関連

一見、サプライチェーンと無関係と思われがちな建設業関連においても、サプライチェーンを考える必要があります。

■ [図表4-7] 建設業のバリューチェーン

（出所）MS＆ADインターリスク総研作成

○特徴①：プロジェクトベースのアプローチ

建設業関連のサプライチェーンは、特定のプロジェクト（施工案件）に対して設計・管理されます。このことから、サプライチェーンは適宜カスタマイズされるほか、サプライチェーンはおよそ一時的であり、プロジェクトが完了すれば解散するケースが多いです。

○特徴②：多様なプレイヤーの存在

サプライチェーンを構成するプレイヤーは多種多様であり、クライアント、建設会社、サブコントラクター、資材会社、建設コンサルタント、政府機関等がいます。これらステークホルダー間でしっかりと連携をとることが求められ

ます。
○特徴③：サステナビリティリスクへの対応
　環境に配慮した材料の選択、廃棄物最小化といった環境への配慮のほか、労働安全衛生管理、品質管理基準遵守といったコンプライアンス・ガバナンスへの対応も高いレベルで求められます。

　以上が業界・業種別のサプライチェーンの特徴ですが、上記はあくまで一例であり、かつ代表的なものに絞っています。実際の経営支援の現場では、取引先企業経営者と対話を重ねながら、その企業のサプライチェーンの特徴を整理するようにしましょう。

> **✓ Checkpoint**
> ・業界・業種ごとにサプライチェーンの構造や特徴が異なるため、取引先企業の属する業界・業種のサプライチェーンの特性を踏まえて課題を設定していくことが重要である。
> ・取引先企業の特性把握としては、製品の特徴、顧客の需要、技術革新、規制環境、グローバル化について、事前に整理しておくことが望ましい。

Q27 金融機関の代表的な取組み・制度にはどのようなものがありますか？

A レジリエントでサステナブルなサプライチェーンの構築については、各金融機関で多種多様に展開されていますが、代表的なものとして金融支援（取組み等を評価し、融資や金利等の面でサポートする）のほか、取引先企業（ないしは業界団体や地域等）への情報提供や宣伝活動、取引先企業の取組みの伴走支援（コンサルティング等）があります。

1 「レジリエント」に関する代表的な取組み・制度等

ここではサプライチェーンにとらわれず、事業活動全般としての「レジリエント」に関する取組み・制度を紹介します。

―融資・災害時保証等、金融面の支援

代表的な取組みの一つとして、融資や災害時保証の適用といった、企業による「レジリエント」な取組み（BCP策定等）を通じて、金融面の支援を行う機関が多数あります。

■［図表4-8］「レジリエント」に関する代表的な金融面支援（一部）

※作成時点（2024年2月）の情報

金融機関名	概　要
●融資・金利優遇等	
日本政策投資銀行	防災および事業継続への取組みが優れた企業を評価・選定する「BCM格付融資」を展開。各種評価項目をもとに企業審査・スクリーニングが行われ、与信判断・条件決定（2023年度にはサプライチェーン上の企業の事業継続に関する取組状況を評価する観点を拡充）。 ※日本政策投資銀行では、「サステナブル」に関する融資等も実施している（DBJ環境格付融資、DBJ―対話型サステナビリティ・リンク・ローン等）。
日本政策金融公庫	策定したBCP等に基づき防災に関する施設等の整備を行う場合、制度融資「社会環境対応施設整備資金」の利用が可能となり、優遇金利が適用される（ただし、諸条件あり）。
A銀行	BCPを策定している事業者等に対して「ビジネスレジリエンス対策ローン」を展開。防災施設等の建設や耐震化、事業継続にかかる資金を用意する。

B銀行	BCP策定取組みを予定している事業者に対して、「融資金利の年0.3%引き下げ」、「地震BCM対応度診断サービス無償利用」を展開。BCP策定等に必要となる資金（耐震補強、転倒防止、自家発電機購入等）やBCP策定コンサルティング費用を使い道とし、融資金額1億円以内、融資期間15年以内。
C信用保証協会	県内中小企業のBCP策定および災害対策支援に向けた取組みを支援するため、保証制度「BCPサポート保証『あんしん』」において、所定の保証料率よりさらに0.1%引き下げ。
各損害保険会社等	事業継続力強化計画の認定を取得した事業者のリスク実態に応じて、保険料等の割引を行う。
●災害時発動型予約保証	
D信用保証協会	BCP策定企業に対して、災害時発動型保証予約システム「BCP特別保証」を展開。大規模地震等、激甚災害発生時に、事業の再建に必要な資金を迅速に手当てすることが可能。
E信用保証協会	所定の条件に当てはまるBCP策定事業者に対して災害時発動型予約保証「そなえ」を展開。

（出所）各金融機関HP等よりMS＆ADインターリスク総研作成

━BCP普及啓発・策定支援等

「レジリエント」な取組みの代表である「BCP（または事業継続力強化計画）策定」については、多くの金融機関で策定支援や普及啓発活動を行っています。セミナー等でBCPの必要性を啓発し、伴走支援等でBCP作成を支援することは、取引先の事業を深く知り、適切なアドバイスを行う本業支援といえます。代表的な事例を図表4－9で紹介します（単発的なBCP策定支援セミナー等を主催しているケースも多くありますが、ここでは割愛します）。

■[図表4-9] 金融機関によるBCP普及啓発・策定支援活動（一部）

※作成時点（2024年2月）の情報

金融機関名	概　　要
F銀行	「防災・BCP対応支援ローン」を展開。防災対策・BCP策定状況と災害時の財務インパクトの無料診断、最大10億円・最長15年までの借入、コミットメントライン設定のほか、BCP策定の無料支援プラン／有料支援プランを利用可能。
G銀行	2008年6月よりBCP策定コンサルティングの取扱いを開始。その他、2006年8月よりBCPサポートローンの取扱いを開始。
H銀行	県と締結している防災協力協定に基づく連携事業として、BCPの策定支援セミナーを定期的に開催。
I銀行	コンサルティングチームによるBCP策定支援のほか、安否確認サービスの展開、ビジネスマッチング等を提供。
J信用金庫	中小企業基盤整備機構の地域本部と連携して、BCP策定支援を展開。

| K信用保証協会 | BCP策定・見直し等を行う中小企業・小規模事業者に対して「BCP策定サポート保証」を展開。策定・見直しやBCP取組みに必要となる資金を保証。 |

（出所）各金融機関HP等よりMS&ADインターリスク総研作成

2 「サステナブル」に関する代表的な取組み・制度等

次に、金融機関における「サステナブル」に関する代表的な取組み・制度等を紹介します（サプライチェーンにとらわれず事業活動全般としての取組み・制度です）。

▬SDGsに取り組む企業のサポート

SDGs宣言の作成から、SDGsへの取組みを評価する金融支援まで、取引先のSDGsへの取組みのステージに応じて、様々な支援事例がみられます（図表4－10）。

■ [図表4-10] SDGsに取り組む企業に対する金融機関のサポート例

支援例	具体的内容
SDGs宣言作成支援	(1)人権・労働、(2)環境対策、(3)公正な事業・組織、(4)製品・サービス、(5)社会貢献、についてヒアリングし、取組状況を数値で見える化し、内容が十分でない項目については「今後取り組んでいく」と宣言することをサポート。
SDGs経営実践に向けたコンサルティング	サプライチェーン分析による取引先の具体的な事業に関する未来志向の貢献度を見える化。
サステナビリティ情報開示の標準化	メガバンク・地域銀行が参画し、中堅中小企業や非上場企業のサステナビリティデータの開示定義の標準化や情報開示の促進、セミナー・勉強会等の浸透活動を行う団体を設立。
サプライチェーンのESG評価サービス提供	クラウドサービス事業者と提携。利用企業のサプライチェーンにおけるESG経営に向けた課題やリスクの特定を支援するとともに、サプライチェーン上の個々の企業に対しても各社ESGへの取組状況の評価を提示。
SDGsに取り組む企業の金融支援	SDGs経営の取組みに対する診断結果に応じた融資金利を設定。

▬脱炭素に向けての支援

金融機関の取引先のサプライチェーンにおける脱炭素への支援は、取引先にとっての事業リスク対策という側面に加えて、金融機関自身の気候変動対策としても重要といえます。国内大手銀行の加盟する国際的なイニシアチブ（Net-Zero Banking Alliance：NZBA）は、2050年までに投融資ポートフォリオを通じたGHG（温室効果ガス）排出量のネットゼロにコミットしています。

このような国際的なトレンドの影響もあり、取引先の脱炭素削減を「自分事」としてとらえ、金融機関による取引先への脱炭素支援に向けた取組みが加速しているといえます。

■ [図表4-11] 脱炭素に向けての金融機関の支援例

支援例	具体的内容
他の機関との連携による情報収集・知見共有	特定産業が集積する地域の銀行複数行が、部品メーカーの脱炭素化支援で連携。温室効果ガス削減に役立つ製品や融資の知見を共有し、それぞれの取引先企業に提供。
複数行＆環境事務所でセミナー開催	脱炭素を通じてローカルSDGs（地域循環共生圏）を促すセミナーを開催。銀行は環境省地方環境事務所との連携を発揮し、ローカルSDGs普及へ企業支援を強化。
CO_2排出量算出サービス	リテールの取引先向けに、一部の財務数値などでCO_2排出量の概算値を算出するサービスを無償提供。脱炭素の国際機関からの認定を目指し、有料コンサルティングサービスにつながる事例もある。
脱炭素に取り組む中小企業等への融資金利を優遇	自治体と連携して、脱炭素に取り組む自治体内中小企業等への融資金利を優遇する仕組みを創設し、中小企業の脱炭素化を促進。
事業性融資における温室効果ガス（GHG）排出量に基づき重点支援先を絞込み	融資データをもとに、取引先を業種別に分類し、事業性融資における温室効果ガス（GHG）排出量を算出。地元エリアのメイン先を中心に、排出量の多い業種への支援を積極化。

✓ Checkpoint

- レジリエントに関する金融機関の取組みについては、融資や災害時保証などの金融面の支援がある。
- サステナブルに関する金融機関の取組みについては、SDGs宣言作成やSDGs取組みを評価する金融支援、脱炭素に向けた支援などがある。

Q28 金融機関の伴走支援としての関わり方にはどのようなことが考えられますか？

A 取引先企業の経営者が抱える課題は多種多様であり、その中でも「レジリエント」で「サステナブル」なサプライチェーン構築、事業活動への関心は総じて低い傾向にあります。特に中小企業・小規模事業者は、資本力や人的体制が乏しいことにより、国内外情勢や経営環境の変化による影響を受けやすいといえます。そのため、少しでも取引先企業に「レジリエント」と「サステナブル」に関心をもっていただくことが、まずは重要になります。そのうえで、『経営力再構築伴走支援ガイドライン』等を参考にしながら、伴走支援として対話と傾聴を重ね、取引先企業が抱える課題を設定して解決に導く「課題設定型の伴走支援」を心掛けるようにしましょう。

1 金融機関としてできること

激動する国内外情勢のなか、すべての企業が「レジリエント」で「サステナブル」なサプライチェーン構築、事業活動を展開していかなければなりません。これは日本の企業数全体の99.7％（約336万事業者）を占める中小企業・小規模事業者も例外ではありません。特に人口減少に伴い、地方の地域経済の縮小が大きな課題となるなかで、地域経済を牽引する中小企業・小規模事業者の維持・発展（何が起きても大丈夫なように「レジリエント」を、市場の期待等に応えて持続的に成長していく「サステナブル」を高めていく）は必要不可欠になります。

一方で、企業の経営者が抱える問題はそれだけではありません。

図表４－12のとおり、多くの企業経営者が「収益性向上」や「人材の強化」、「売り上げ・シェア拡大」といった事項に高い関心をもっており、「レジリエント」と「サステナブル」に関連する主要課題（コーポレート・ガバナンスの強化、社会課題の解決、リスク管理等）は総じて関心が低いのが現状です。

一方で、「サステナブル」に関する事項（CSR、CSV、事業を通じた社会課題の解決）は、３年後に課題として挙げる企業が増えているため、まったく関心がないというわけではなさそうです。

■ [図表4-12] 日本企業の経営課題（現在・3年後・5年後）

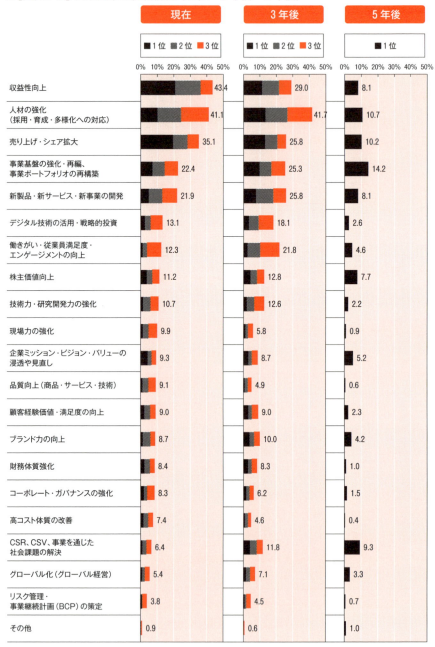

※「現在」「3年後」は上位3つまで、「5年後」は1つだけ回答（n=689）
（出所）一般社団法人日本能率協会「日本企業の経営課題2022」

「レジリエント」で「サステナブル」なサプライチェーン構築、事業活動を展開しなければ、今後事業を展開できなくなる可能性があることは、本書のこれまでを通じて読者の皆さんも十分に理解できたかと思います。特に中小企業・小規模事業者は、資本力や人的体制が乏しいことにより、国内外情勢や経営環境の変化による影響を受けやすいので、少しでも取引先企業に「レジリエント」「サステナブル」に関心をもっていただくことが、金融機関の役割であるともいえます。

2 伴走支援のあり方

そのうえで、金融機関が取り組まなければならないのは、伴走支援による「レジリエント」と「サステナブル」の取組推進です。

中小企業・小規模事業者は様々な経営課題に直面しているなかで、特に関心が低い課題（≒レジリエント・サステナブルな課題）に関しては、「そもそも何が課題であるか」が適切に設定できていない可能性があります。また、課題を認識できたとしても、「対策の進め方がわからない」、「対策に手が付けられない」等の問題から、中小企業・小規模事業者が単独でこれらを解決していくことはおよそ困難であるといえます。そのため、金融機関が中小企業・小規模事業者（取引先企業）に寄り添った伴走支援が必要不可欠となります（図表4－13）。

それでは、伴走支援のあり方とは何でしょうか。そのヒントは、中小企業庁・独立行政法人中小企業基盤整備機構が2023年6月に策定した『経営力再構築伴走支援ガイドライン』にあります。そこでは、経営者等との「対話と傾聴」を通じて、「経営者が、本当の経営課題は何かということに向き合い、気づき、自分たちが進むべき方向に腹落ちしたとき、潜在的な力が引き出される」とする課題設定型伴走支援を推奨しています。そのうえで、「レジリエント」と「サステナブル」、それぞれにある5つの壁（図表4－14）をしっかりと整理しながら、伴走支援によって乗り越えていくことがあるべき姿といえます。

〈例：「レジリエント」な事業活動取組に対する経営支援〉
① 「見えない」壁

企業を取り巻くリスクが多様化・複雑化していること、企業はそれらに対応する必要があること、自社を取り巻くリスクを可視化すること、競合他社の取

■ [図表4-13] 課題設定型の伴走支援

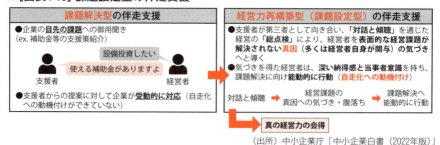

（出所）中小企業庁「中小企業白書（2022年版）」

■ [図表4-14] 伴走支援の考え方（企業にある5つの壁）

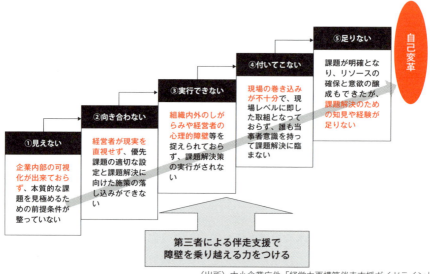

（出所）中小企業庁他「経営力再構築伴走支援ガイドライン」

組み等を示すことで、情報を見える化する。

② 「向き合わない」壁

　リスクの顕在化による被害想定等と、企業の現状の取組みを比較して、想定しうる問題や被害を示すことで、取組みの必要性を喚起させる。

③ 「実行できない」壁

　BCP策定支援（自社による支援や、外部との協業による支援等）等を通じて、経営者等が先頭に立って取組みを進める。

④ 「付いてこない」壁

　BCP策定支援の場には現場の従業員等にも同席いただき、企業が一丸となっ

て対応策を検討する（または、経営者等がレクチャーを受けて持ち帰り、従業員同士で考える）。

⑤「足りない」壁

BCP策定を通じて出てきた課題は専門的・技術的なものも多いため、外部の専門家等も交えながら取り組む。

3 伴走支援に必要な要素

最後に、伴走支援において必要な要素（考え方等）について、ガイドラインに則して紹介します。

― 対話と傾聴による信頼関係の構築

取引先企業と「一緒に考えていく」ことを意識して、取引先企業経営者（加えて経営幹部、後継者、従業員等）と対話（傾聴＋共感＋問いかけ＋提案）を進めて、信頼関係を構築する。

― 気づきを促す課題設定型コンサルテーション

対話と傾聴を通じて相手の想いを整理し、具体的な形に導き、取引先企業を「腹落ち」させる。

― 経営者の「自走化」のための「内発的動機づけ」と「潜在力」の引き出し

取引先企業が当事者意識をもって能動的に行動を起こすような「内発的動機づけ」が得られ、事業者の「潜在力」を発揮するような支援を行う。それらを通じて、取引先企業が自ら答えを出し、「自走化」できるようにする。

✓ Checkpoint

- 中小企業・小規模事業者は資本力や人的体制が乏しいことにより、国内外情勢や経営環境の変化による影響を受けやすいため、少しでも取引先企業にレジリエントとサステナブルに関心をもってもらうことがまずは重要となる。
- レジリエントでサステナブルな事業活動取組に対する経営支援としては、5つの壁（見えない、向き合わない、実行できない、付いてこない、足りない）をしっかりと整理しながら、伴走支援によって乗り越えていくことがあるべき姿といえる。
- 伴走支援に必要な要素としては、取引先企業との対話と傾聴による「信頼関係の構築」と、気づきを促す「課題設定型コンサルテーション」などがある。

Q29 取引先の経営支援の視点から、金融機関として取り組むべき「レジリエントな提案」とはどのようなことですか？

A 経済界や国の動きを踏まえたうえで、取引先企業に「レジリエントな提案」を行います。「レジリエントな提案」にあたっては、Q28で紹介した伴走支援のあり方を踏まえつつ、①事業継続力の評価、②事業継続力強化支援（BCP等策定支援、ビジネスマッチング等）、という流れで行うとよいでしょう。

1 経団連による「大規模災害に負けない持続可能な社会の構築」の提言

　金融機関として取り組むべき「レジリエントな提案」を考える前に、まずは「レジリエントなサプライチェーン構築」に関連した経済界の動きを知っておきましょう。

　直近の代表的な動きとして、2023年4月11日に一般社団法人日本経済団体連合会（会長（2023年4月当時）：十倉雅和氏（住友化学会長）／以下、経団連）が公表した「大規模災害に負けない持続可能な社会の構築」の提言書があります。

　この提言書では、**国土強靱化基本計画**の改定に向けて、「災害発生時の社会の被害を最小限にとどめ、社会経済・活動を維持するために重点を置くべき優先事項」の一つに「サプライチェーン全体での事業継続力の強化」を挙げており、企業においては**オールハザード型BCP**の考え方での見直しと合わせて、サプライチェーンの「多元化」「可視化」「一体化」を行うことが重要、と述べられています。まさしく本書のQ11～12で紹介したサプライチェーンBCPの取組みが、この動きに当てはまるといえます。

> **ワード解説！** 国土強靱化基本計画
>
> 平成25年（2013年）12月11日に公布・施行された国土強靱化基本法第10条に基づく計画。国土の健康診断に当たる脆弱性評価を踏まえ、強靱な国づくりのための言わば処方箋を示すとともに、国土強靱化に関する施策の総合的かつ計画的な推進を図るため、同計画以外の国土強靱化に関する国の計画等指針となるべきものとして策定された。

■ [図表4-15] サプライチェーン強靱化のイメージ

①多元化
あるサプライチェーンが
機能不全になっても事業継続が可能に

②可視化
何をどこに供給すべきか、
在庫をいかに確保すべきか、
非常時にも迅速な判断が可能に

③一体化
サプライチェーン全体を貫く
BCPの策定等により
事業活動のレジリエンスを強化

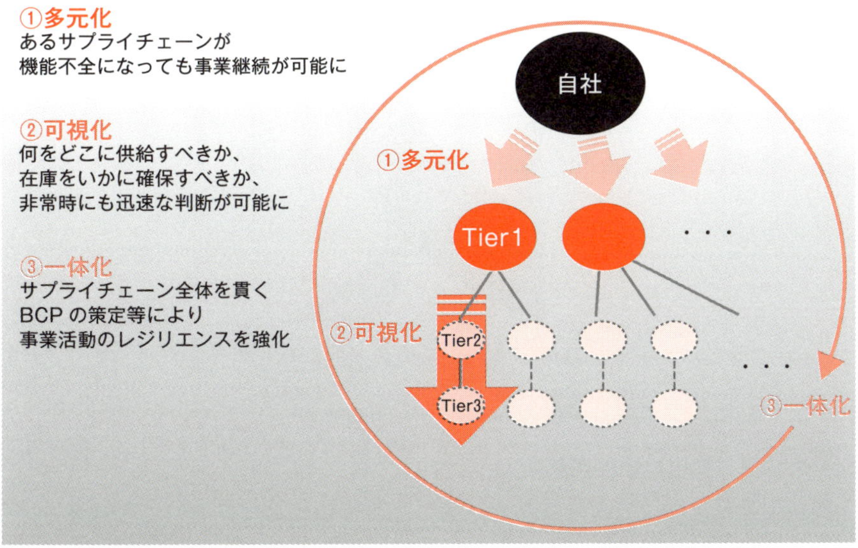

（出所）日本経済団体連合会「非常事態に対してレジリエントな経済社会の構築に向けて〈概要〉」より抜粋

ワード解説！　オールハザード型BCP

地震や台風等の「原因」別でBCPを考えるのではなく、非常事態の原因が何であれ「結果として生じる事象」に焦点を当ててBCPを作る考え方。2021年の経団連提言にて、オールハザード型BCPへの転換が言及されている。

2　レジリエンス認証と事業継続力強化計画認定制度

　加えて、企業（≒サプライヤー個社）のレジリエンスを高める取組みを支援・評価する国の制度として、「レジリエンス認証」と「事業継続力強化計画認定制度」の2つを紹介します。

▬ レジリエンス認証

　企業のBCP等の取組みについて、内閣官房国土強靱化推進室が規定する「認証組織の要件」に適合する旨の確認を受けた一般社団法人レジリエンスジャパン推進協議会が、「国土強靱化貢献団体の認証に関するガイドライン」に基づく「国土強靱化貢献団体」として認証を行うものです。

　ロゴマークの付与に基づく信用力の強化等と併せて、各種金融機関からの支援取扱いを受けることができます。2023年11月30日現在で、300団体が認証を受けています。

■ [図表4-16] レジリエンス認証のロゴマーク

（出所）一般社団法人レジリエンスジャパン推進協議会
「レジリエンス認証ロゴマーク使用の手引」）

― 事業継続力強化計画認定制度

　2019年7月16日に法施行された「**中小企業強靭化法**」において創設された、防災・減災に取り組む中小企業がその取組内容（事前対策）をとりまとめた計画（名称：事業継続力強化計画、通称：ジギョケイ）を国が認定する制度です。

> **ワード解説！** 中小企業強靭化法
>
> 中小企業の自然災害に対する事前の防災・減災対策の取組み、また、円滑な事業承継を促進するために施行された。正式名称は「中小企業の事業活動の継続に資するための中小企業等経営強化法等の一部を改正する法律」である。

　この制度は、「BCP策定はハードルが高い」と感じる中小企業向けに、「リスクの把握」「安否確認や避難等の初動対応手順」「ヒト・モノ・カネ・情報の事前対策」「訓練や見直し等の取組み」に記載内容を絞った計画であり、認定を受けた中小企業は税制措置や金融支援、損害保険料の割引等、補助金加点等が受けられるものになっています。また、企業1社で作成する「単独型」と、複数の企業が連携して作成する「連携型」があるのも特徴的です。

　取組みにあたっては、計画作成がBCP等よりもハードルが低いこと（内容が絞られており、また申請時点では取組み実績等は問われない）、認定企業への支援策が充実していること（図表4－17のほか、各地方自治体や業界団体等でも支援策を展開）から、多くの中小企業が認定を受けており、その数は2024年1月末時点で単独型が全国累計63,418社、連携型が全国累計994グループに及びます。

■ [図表4-17] 事業継続力強化計画認定制度のスキーム

【計画認定のスキーム】

【中小企業・小規模事業者】

連携して計画を実施する場合：
大企業や経済団体等の連携者

①計画を策定し申請　②認定

経済産業大臣
（地方経済産業局）

認定を受けた企業に対する支援策
- ロゴマークの活用
  （HPや名刺等で認定のPRが可能）
- 低利融資等の金融支援
- 防災・減災設備に対する税制措置
- 補助金の加点措置
- 中小企業庁HPでの認定企業公表

認定
経済産業省

（出所）中小企業庁「事業継続力強化計画認定制度の概要」より抜粋

3 金融機関として取り組むべき「レジリエントな提案」

こうした経済界の動きや国の支援制度を踏まえて、金融機関として取り組むべき「レジリエントな提案」を考えてみましょう。

—取引先企業やサプライチェーンの「事業継続力」を評価する

取引先企業やサプライチェーンを取り巻く環境は、これまでも述べてきたとおり、リスクが多様化・複雑化しています。

一方で、金融機関の観点で言えば、債務者の信用リスク評価において、従来個別債務者の定量・定性情報や過去の貸倒実績に重きを置いた評価が行われており、取引先企業・サプライチェーンを取り巻くリスクや、有事が発生した場合の商品・サービスの供給能力（事業継続力）はあまり重要視されてきませんでした。

しかしながら、こうした有事がひとたび発生すると、特段の懸念がなかった取引先企業であっても、資金繰り悪化、事業停止、最悪の場合は倒産等の事態が起きてしまうことは、これまでの大規模災害や新型コロナウイルス感染症の経験を通じて明白です。

金融機関として、より精度の高い信用リスク評価を実施するためにも、こうした取引先企業やサプライチェーンを取り巻くリスク、リスクが取引先企業の事業やサプライチェーンに与える影響、そして取引先企業・サプライチェーン

の事業継続力を評価することが重要であるといえます。

　取引先企業やサプライチェーンの事業継続力を評価するうえでは、主に以下の観点を確認するとよいでしょう（図表4－18）。これらの評価結果を取引先企業と共有して、課題の目線合わせを行います。☞Q28の伴走支援のあり方の「見えない」壁、「向き合わない」壁を取り払う

■ [図表4-18] 取引先企業・サプライチェーンの事業継続力チェックリスト（例）

No.	テーマ	評価項目
1	リスクの認識	自社（またはサプライチェーン）に大きく影響を与えるリスク事象を想定できていますか。
2	リスクが与える影響の認識	これらリスクが顕在化した場合の自社（またはサプライチェーン）への影響を想定できていますか。
3	優先順位の設定と経営資源の特定	優先的に継続すべき重要事業を特定し、必要な経営資源が明確になっていますか（または、重要事業に紐づくサプライチェーンを特定し、特に影響の大きいサプライヤーが明確になっていますか）。
4	体制の整備	リスクに対応するための体制は整備されていますか。
5	手順や戦略等の整備	リスクが顕在化した場合の、重要業務（またはサプライチェーン）継続に向けた手順や戦略等は整備されていますか。
6	事前対策の推進	重要業務継続（またはサプライチェーン維持）に向けた事前対策を推進していますか。
7	PDCA	こうした取組みが組織に浸透し、また継続的に監視・モニタリング、是正・改善していくような取組みが実施されていますか。
8	金融機関としての観点	リスクが発生した場合の保険・融資等、資金に関する手当を実施していますか。

（出所）MS＆ADインターリスク総研作成

─ 取引先企業やサプライチェーンの「事業継続力」強化を支援する

　こうした取引先企業・サプライチェーンの事業継続力を評価したうえで、評価結果が芳しくなく、取組みが進んでいない取引先企業に対して、改善・強化を支援することになります。☞Q28の伴走支援のあり方の「実行できない」壁を取り払う

　最も有効な支援策の一つとしては、やはりBCP等の策定を促すことが挙げられます。図表4－19に紹介するようなBCP関連のガイドライン等を踏まえながら、伴走支援で取引先企業（ないしはサプライヤー）のBCP策定を支援していくことが望ましいです。BCP策定はハードルが高いと感じる企業に対しては、「事業継続力強化計画認定制度」の取組みを紹介するとよいでしょう。

Q29 取引先の経営支援の視点から、金融機関として取り組むべき「レジリエントな提案」とはどのようなことですか？

■ [図表4-19] 主なBCP関連ガイドライン・ひな形等

発行元	ガイドライン・ひな形名称	特徴
内閣府	事業継続ガイドライン	BCP～BCMに関する全般的な内容を網羅。
中小企業庁	中小企業BCP策定運用指針	入門・基本・中級・上級にコースが分かれており、ひな形や様式集を展開。
厚生労働省	介護施設・事業所における業務継続ガイドライン	介護施設・事業所向けのBCPガイドライン（新型コロナウイルス感染編、自然災害編）。
宮城県	みやぎ企業BCP策定ガイドライン	通称：みやぎモデル。大地震対応とオールハザード対応に分かれ、計3パターンのモデルを展開。
愛知県	中小企業向け事業継続計画（BCP）策定マニュアル	通称：あいちBCPモデル。導入編のほか、製造業、商業・サービス業向けに分かれてフォーマットを展開。
大分県	BCP策定の手引き＆事例集	自然災害対応、感染症対応のBCP策定手引き＋業種別BCP事例集を展開するほか、グループ型BCP策定手引き＋事例集も展開。
一般社団法人日本自動車部品工業会	BCPガイドライン	自動車部品産業サプライヤー向けのBCPガイドライン。ひな形のほか、事例等も掲載している。

（出所）MS＆ADインターリスク総研作成

　また、こうしたBCP等策定を支援するだけでなく、企業同士の「ビジネスマッチング」を提案することも、金融機関ができる「レジリエントな提案」の一つといえます。金融機関で行うビジネスマッチングは、主に事業拡大や経営合理化といった企業の成長支援等が焦点となっていますが、別の側面として、事業継続力向上にも貢献することが可能です（代替先、連携先等の確保につながる）。実際、ビジネスマッチングをきっかけに、有事の際の代替戦略を構築してBCPを策定した企業の事例もあるため、こうした取組みもぜひ積極的に提案していきましょう。

✓ Checkpoint

- 金融機関として取り組むべきレジリエントな提案として、取引先企業やサプライチェーンの事業継続力の評価、強化支援が挙げられる。
- 強化支援にはBCP策定だけでなく、ビジネスマッチングを提案することも、金融機関で行うレジリエントな提案の一つといえる。

Q30 今後の経営支援の観点からの課題にはどのようなものがありますか？

A 企業への経営支援は、金融機関としての使命であり、また企業経営者等からの期待度も非常に高い一方で、経営支援の現場では様々な課題が浮き彫りとなっています。その最たるものは「支援人材の不足」と「支援ノウハウ・知見の不足」であり、これらの課題解消に向けては、「人材採用」「人材教育」といった抜本的対策・中長期対策を進めながら、「他機関との連携」で不足部分を補う、という進め方が効果的でしょう。

1 金融機関の使命としての「経営支援」

「レジリエントでサステナブルなサプライチェーン」を構築し、企業の「強靱性」と「持続可能性」をより高めていくためには、企業経営者が「リスク（自然災害、サイバー攻撃、人権、環境等）」という、まだ顕在化していない様々な課題に対して真剣に向き合い、抜本的な改善等も踏まえた大胆な戦略・対策を推進していかなければなりません。また、これらの取組みは必ずしも効果が目に見える、すぐに効果が表れるというわけではないため、とりわけ中小企業にとっては非常にハードルの高い、「気が進まない」取組みといわざるを得ません。

しかし、サプライチェーンの重要な構成要素である中小企業がリスクに柔軟に対応し、将来にわたって持続的に発展することは、日本経済における最重要課題の一つであり、そうした中小企業を下支えする金融機関は、積極的にこれらの課題について経営支援に取り組まなければなりません。多くの企業経営者が目を背けがちな「リスクへの対応」であれば、なおさら金融機関の役割が重要ともいえます。

金融機関から積極的に取引先企業に働きかけて、企業経営者等との対話を重ねて、レジリエントでサステナブルなサプライチェーン・事業活動に向けた本質的な課題を設定し、課題を一緒になって解決していくことが望まれます。

図表4－20は、経営者の成長意欲別にみた、事業者が利用して満足度の高かった支援機関を集計したものです。これを見ると、経営者の成長意欲いかんを問

わず、いずれも金融機関が最も高い満足度を示しています。このことから、経営支援における金融機関が果たすべき役割・効果の、企業経営者等からの期待度は非常に高いといえるでしょう。

■ [図表4-20] 経営者の成長意欲の高低別にみた、事業者が利用して満足度の高かった支援機関

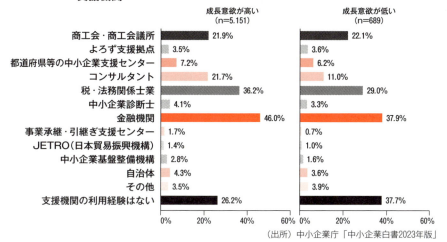

(出所) 中小企業庁「中小企業白書2023年版」

2 経営支援現場の課題

一方で、経営支援の現場においては、いくつかの課題が浮き彫りとなっています。

■ [図表4-21] 伴走支援の実施状況別にみた、伴走支援を実施するうえでの課題

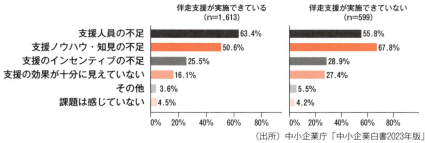

(出所) 中小企業庁「中小企業白書2023年版」

経営支援の現場（これには金融機関だけでなく、よろず相談拠点や商工会・商工会議所等の回答も含みます）では、伴走支援が実施できている・いないにかかわらず、「支援人員の不足」や「支援ノウハウ・知見の不足」が主要な課題として挙がっています。特に、伴走支援が十分に実施できていない支援機関

においては、支援ノウハウ・知見の不足がより大きな課題となっており、それが結果的に「課題解決ができない」「本質的な課題設定ができない」ことにもつながっています。

■ **[図表4-22] 支援ノウハウの蓄積状況別にみた、課題解決割合**

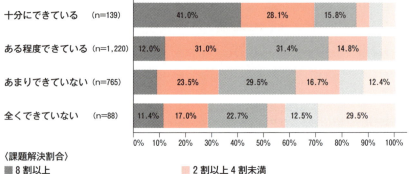

（出所）中小企業庁「中小企業白書2023年版」

■ **[図表4-23] 支援ノウハウの蓄積状況別にみた、本質的な課題設定の状況**

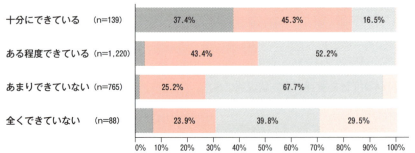

（出所）中小企業庁「中小企業白書2023年版」

3　課題に向けた解決策

こうした課題（特に、経営支援現場の主要課題である「支援人員の不足」と「支援ノウハウ・知見の不足」）の解決策として、どのようなことを進めていけばよいでしょうか。

やはり最初に挙げられるのは、「人材の採用（増強）」や「人材の教育」といった抜本的・中長期的な対策になるでしょう。お金も時間もかかる対策とはなりますが、やはり課題解消には最も効果的であり、こうした抜本的な対策、地道な取組みを対策の検討対象から外すことはできません。実際、多くの支援機関がこうした取組みを解決策として挙げており、特に伴走支援が実施できていない機関においては、「研修プログラムの受講」や「ノウハウの可視化」といった、知識・ノウハウの習得が主な解決策として挙げられています（図表4－24）。

■[図表4-24] 伴走支援の実施状況別にみた、伴走支援を実施する上での課題の解決策

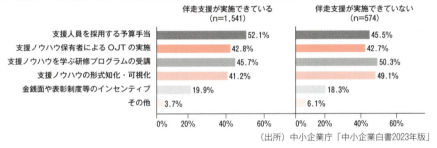

（出所）中小企業庁「中小企業白書2023年版」

しかし、そうは言ってもやはりお金も時間もかかる対策となると、今すぐ取り組めるものでもないほかに、すぐに効果は表れないという課題もあります。

そこで、次に考えられる対策が、「他の支援機関や外部機関等との連携」、つまり不足する人材やノウハウ等を他機関から補完するというものです。例えば、北海道銀行では北海道経済産業局・道銀地域総合研究所と連携しながらコンサルティング業務を実施しているほか、三重銀行（現三十三銀行）では損害保険会社や商工会連合会、みえ企業等防災ネットワークと連携してBCP等セミナーを開催するなど、他機関との連携は多くの金融機関でも取り入れられています。

図表4－25を見ても、経営支援が対応できていると回答した金融機関のほうが、対応できていないと回答した金融機関に比べて他社との連携が活発であることが確認できます。金融機関がすべての経営課題に対して支援を行うことは難しいため、他機関との連携による支援は非常に効果的といえるでしょう。

このように、経営支援現場における課題を解消し、企業に対する経営支援の質を向上させるためには、「人材採用」「人材教育」といった抜本的対策・中長期対策を検討・遂行しながら、並行して他機関との連携を模索・実現・強化していくことが望ましいでしょう。

そのなかで、「人材教育」の観点から、本書のような書籍を通じて知識を習

■ [図表4-25] 経営支援サービスの取組状況別に見た他社との連携

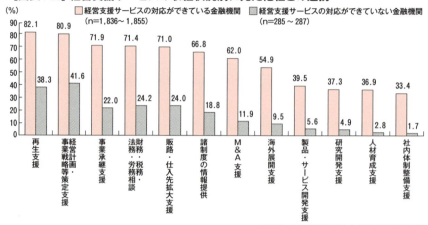

（出所）中小企業庁「中小企業白書2016年版」

得することも、課題の解決の一助になるかと思われます。ぜひ、経営支援の現場でサプライチェーンやレジリエンス・サステナブルの話題が出た際には、本書を都度読み返していただき、経営支援取組のさらなる進展にお役立てください。

✓ Checkpoint

- 事業者が利用して最も満足度の高かった支援機関は金融機関という調査結果があり、経営支援における金融機関が果たすべき役割・効果の、経営者からの期待度は非常に高いといえる。

- 経営支援を行う側の現場での課題としては、人材の採用と教育が抜本的・中長期的な対策であり、伴走支援が実施できていない機関においては、研修プログラムの受講、ノウハウの可視化等が解決策として挙げられている。

編著者紹介

〈編著者〉
●MS＆ADインターリスク総研株式会社

　MS＆ADグループにおける「デジタル・データを活用したリスクマネジメントの中核」を担い、グループが目指す姿「リスクソリューションのプラットフォーマー」としてのミッション実現に取り組んでいる。補償・保障の前後においてデジタル・データを活用した新たなサービスや事業機会を創造し、お客さまに対する豊富なコンサルティング実績と先進的な調査研究機能を融合し様々なリスクに対してワンストップ・ソリューションを提供している。

〈執筆者〉
●矢野　喬士
リスクマネジメント第四部　事業継続マネジメント第一グループ　マネジャー
上席コンサルタント
　CBCP（国際的な災害復旧啓発団体「DRI」認定事業継続専門家）、BCAO（（特非）事業継続推進機構）認定事業継続管理者。
　大手建築設備会社を経て2017年にMS＆ADインターリスク総研入社。一貫して企業向け防災・事業継続マネジメント分野のコンサルティング業務に従事するほか、各種講演や官公庁・自治体事業（内閣府・内閣官房・中小企業庁等）に携わる。

●佐藤　崇
リスクマネジメント第三部　危機管理・コンプライアンスグループ長
　2008年にMS＆ADインターリスク総研入社。危機管理、リスク管理、コンプライアンス、製品安全分野等のコンサルティング業務に多数従事するほか、経済産業省から製品安全に関する調査研究事業に2010年以降従事。所管領域での各種メディアへの寄稿や談話掲載、講演など多数。

●岡田 智之
営業部　営業推進グループ長
(執筆当時：リスクマネジメント第三部　サイバーリスクグループ長)
　IPA「情報セキュリティ10大脅威」選考会メンバー。2019年度および2020年度経済産業省・IPA「サイバーセキュリティお助け隊」実証事業を受託。中小企業におけるサイバーリスク対策の実態やニーズを把握し、インシデント発生時などの事後対応で求められる支援内容や人材スキル等を調査。

●尾池 吉保
リスクマネジメント第四部　事業継続マネジメント第一グループ　上席コンサルタント
　IT関連会社や化学分析会社を経て2007年にMS＆ADインターリスク総研入社。火災・自然災害に関する国内企業のリスク調査や、企業向け防災・事業継続マネジメント分野のコンサルティング業務に従事するほか、各種講演や官公庁・自治体事業（内閣府・総務省消防庁・中小企業庁等）に携わる。

●寺崎 康介
リスクマネジメント第五部　フェロー　兼　サステナビリティ第一グループ長
　2009年にMS＆ADインターリスク総研に入社。15年以上にわたり、サステナビリティ分野のコンサルティングに従事。近年では、企業や金融機関向けの自然資本、気候変動に関する各種支援を積極的に行っている。主な著書に『最新リスクマネジメント経営』（共著：日経BP）、『再生可能エネルギー開発・運用にかかわる法規と実務ハンドブック』（共著：NTS）、『生物多様性に配慮した企業の原材料調達推進ガイド　第１版』（共著：JBIB）などがある。

●松井 慎哉
リスクマネジメント第五部　サステナビリティ第二グループ長
　通信社記者や事業会社のIR（株主・投資家向け広報）、リスクマネジメント担当などを経てMS＆ADインターリスク総研に入社。企業の危機管理やリスク管理、サステナビリティ経営支援などに従事。「実践リスクマネジメント要覧」「金融CSR総覧」（いずれも経済法令研究会）などで執筆。その他、各種メディアへの寄稿や談話掲載など多数。

●林　育恵
リスクマネジメント第五部　サステナビリティ第二グループ　上席コンサルタント

　銀行、会計系コンサルティング会社、地域コミュニティ事業経営、地域創生コンサルティング会社を経て、MS＆ADインターリスク総研入社。主にサステナビリティ戦略策定、ガバナンス構築、サステナビリティ情報開示支援等に従事。

金融機関と経営者のための　かんたん！ サプライチェーン入門

2024年12月15日　初版第1刷発行	編　著　者	MS&ADインターリスク総研㈱
	発　行　者	髙　橋　春　久
	発　行　所	㈱経済法令研究会

〒162-8421　東京都新宿区市谷本村町3-21
電話 代表 03(3267)4811　制作 03(3267)4823
https://www.khk.co.jp/

〈検印省略〉

営業所／東京03(3267)4812　大阪06(6261)2911　名古屋052(332)3511　福岡092(411)0805

カバーデザイン・本文レイアウト／清水裕久　イラスト／渡辺真衣㈱ケイズ　編集協力／菊池一男（経法ビジネス出版㈱）
制作／西牟田隼人　印刷／日本ハイコム㈱　製本／㈱ブックアート

Ⓒ MS&AD InterRisk Research & Consulting, Inc. 2024 Printed in Japan　ISBN978-4-7668-3524-3

☆ 本書の内容等に関する追加情報および訂正等について ☆
本書の内容等につき発行後に追加情報のお知らせおよび誤記の訂正等の必要が生じた場合には、当社ホームページに掲載いたします。
（ホームページ　書籍・DVD・定期刊行誌　下部の　追補・正誤表 ）

定価はカバーに表示してあります。無断複製・転用等を禁じます。落丁・乱丁本はお取替えします。